KB037872

키워드
필로소피

EBS 클래스ⓔ 인문

키워드 필로소피

테크네에서 에로스까지,
오늘을 읽는 고전 철학 뿌리어

— 김동훈 지음

EBS BOOKS

뿌리어
열다섯 매듭

말뜻은 천차만별이다. 이 말들이 서로 다른 뜻을 붙잡으면 말끝은 여지없이 모호해진다. 이런 대화는 곧잘 미궁 속에서 헤매기 마련인데 그로 인해 때론 말이 통하지 않아 답답하다. 어떤 해결책도 찾지 못하고 각자의 주장대로 평행선을 달리다가 대화를 끝내기 일쑤다.

오늘날의 다양한 말뜻은 나뭇잎으로 비유될 수 있다. 나무 전체를 살피지 못하고 뿌리와 줄기로부터 갈라진 무성한 잎, 그중에서도 각자 보고 있는 나뭇잎에만 관심을 갖곤 한다. 나뭇잎은 뿌리에 비해 훨씬 무성하다. 뿌리에서 뻗어 나온 줄기는 몇 안 되지만 거기에 잎이 나기 시작하면서 잎은 더 우거지고 서로 뒤섞여 원래의 뿌리를 모를 정도로 무성한 나뭇잎에 현혹된다. 이때 나뭇잎에 정신을 빼앗기다 보면 뿌리와 줄기는 잊어버리고 그 맥을 무시한 채 무턱대고 다른 나무의 잎으로 오해한다. 그렇게 전개된 이론은 생각이 깊지 못하고 쌓이다가도 무너지기 십상이다.

눈에 핏발을 세우고 무턱대고 개념을 쌓아갈 때는 몰랐다. 아무 뜻이나 붙잡고 생각을 진전시켜 나가다 보면 그 정성만으로도 얼추 뭔가가 세워질 줄 알았지만 결국 모래 위에 세운 누각처럼 한순간 무너져 버린다. 마음을 다잡고 다시 세우려니 부실한 곳이 한두 군데가 아니다. 결국 뒤죽박죽 어지러워 생각의 고리가 끊어지고 만다.

나뭇잎의 무성함도 입이 벌어지게 하지만 그 나뭇잎에 생각이 고정되어 대화는 엉킨 채 풀리지 않게 된다. 자칫 언어폭력을 낳을 수도 있다. 이쯤에서 매듭을 푸는 일이 당연한 급선무다. 하지만 엉킨 매듭들을 풀자니 엄두가 나지 않는다. 그렇다면 엉키지 않게 매는법은 없을까? 진지함을 지닌 구도자처럼 그 용례를 살피다 보면 그 용례마다 하나의 뿌리로부터 갈려 나온 낌새가 보인다. 이때 한 가지 지혜가 떠오른다. 미리 적당한 곳에 매듭을 몇 개 묶어 두어 엉키지 않게 하는 방법이다. 우선 '너와 내'가 아는 말로 대략의 매듭을 군데군데 만들면 적어도 엉키지는 않는다. 어디 그뿐인가! 바느질을 시작할 때에 한쪽 실 끝에 매듭을 지어놓아야 바늘땀이 빠지지 않듯 그 말의 고갱이가 말 밖으로 빠져나가지 못하게 한다. 그렇다면 무엇으로 어느 마디에 매듭을 잡아맬 것인가?

말은 세월과 장소가 바뀌면서 갈래가 나뉘었고 그 뜻도 참 다

　　　　　　　　　　　　　　　　　　　　　프롤로그

양해졌다. 그렇다고 말뜻이 얼토당토않게 많아진 것은 아니며 갈래어들 사이에 하나의 분명한 빛깔을 띤다. 마치 터줏대감마냥 옛말이 말터들을 지키고 있어서 저마다 다른 뜻으로 갈라졌다 하더라도 같은 어감을 지닌다. 그도 그럴 것이 옛말 중에는 시공간을 넘어 생명과 맥을 유지하는 힘을 지닌 말들이 있기 때문인데, 필자는 이런 힘을 지니고 오늘날까지 전해진 이 옛말을 '뿌리어'라 하겠다.

'뿌리어'의 말뜻은 정말 깔끔하고 깨끗하다. 다시 초심으로 돌아가 알았다고 자부했던 온갖 것을 내려놓으면 잔물살처럼 맴돌면서 맘속에 스며드는 아스라한 말들이 있다. 그 말들의 명맥을 따지다 보면 어느덧 맑은 기운이 솟구친다. 이것이 뿌리어를 익히는 이유라 하겠다. 이 책에서는 특히 고전 그리스어와 라틴어 가운데서 '정갈하다' 느낀 뿌리어로 열다섯 매듭을 지어보았다.

말놀이가 독서가 되었든, 토론이 되었든, 강의가 되었든 혹시라도 따분하다면 이 책을 한 번 보자. 우리 말놀이가 그 옛말에서 너무 엇나간 것은 아닌지 그 맥을 한번 짚어보자. 일단 뿌리어부터 뜻을 헤아려본 후 갈려 나온 줄기와 상관하여 특정 뜻을 맺어보면 대화가 좀 더 수월해진다. 옛말의 뿌리를 통해 올바른 어원을 숙지하면서 그 '파생의 신비'를 헤쳐 나가는 것이 자칫 싫증을 느낄 인생살이에 또 하나의 흥미를 더해 준다.

물론 무성한 나뭇잎 못지않게 뿌리도 얽히고설켜 있다. 하지만 뿌리는 조상 대대로 살았던 옛 땅에 박혀 줄기와 나뭇잎을 지탱해 주고 있다. 뿌리어도 그렇다. 뿌리어는 그 매듭을 통해 뜻이 모아져서 사람을 위로하고 깨닫게 하는 힘이 되어 주었다. 이제 뿌리어 열다섯 매듭을 살피면서 자신에게 위로가 될 뿐만 아니라 이웃에게도 힘이 되기를 바란다. 자, 말터를 지키는 힘을 지닌 그 뿌리어에 경의를 표하면서 그 생각의 매듭을 걸어보자.

2022년 봄
김동훈

◈ 차례 ◈

프롤로그 ··· 004

뿌리어 열다섯 매듭

1매듭 인생은 짧고 예술은 길다 ··· 011

테크네(Techne): 기술, 능숙함 그리고 예술 τέχνη

2매듭 무모함과 비겁함 사이 ··· 031

아레테(Arete): 탁월함 혹은 도덕적 미덕 ἀρετή

3매듭 길 너머에서 보기 ··· 051

메타(Meta): 후에, 너머 μετά

4매듭 인간의 확장 ··· 069

미디어(Media): 중간에 자리하여 사이를 매개하는 것

5매듭 당신의 변신은 무죄 ⋯ 087

트랜스(Trans): 다른 장소나 상태로 변화, 이전함

6매듭 아름다움으로 오르는 사다리 ⋯ 107

포르마(Forma): 형상, 형태 μορφή

7매듭 질투는 나의 힘 ⋯ 127

미메시스(Mimesis): 인간, 신, 사물을 모방하는 것 μίμησις

8매듭 말할 수 없는 욕구 ⋯ 149

인판티아(Infantia): 유아기 또는 언어가 없는 시기

9매듭 만들어진 진실 ⋯ 171

팍툼(Factum): 진실

10매듭 은유적 인간 ⋯ 191

메타포라(Metaphora): 은유 μεταφορά

11매듭 원초적 생명 ⋯ 209

조에(Zoe): 원초적 생명력 ζοή

12매듭 진정한 아름다움이란 ⋯ 229

데쿠스(Decus): 영예, 자랑, 장식

13매듭 낭만에 대하여 ··· 251

로망(Roman): 토착어

14매듭 욕망에 접속하라 ··· 273

스티그마(Stigma): 뾰족하고 날카로운 것으로 살갗에 표시하는 것 στίγμα

15매듭 왜 사랑하는가 ··· 295

에로스(Eros): 사랑 ἔρος

에필로그 ··· 317

말의 마주침, 마음의 울림, 몸의 어울림

인생은 짧고
예술은 길다

- 테크네 -

테크네
Techne

기술, 능숙함 그리고 예술 τέχνη

'파인 아트(fine Arts)', 예술 또는 미술이라는 말의 뿌리어는 그리스어 '테크네(techne)'다. 테크네라고 하면 익숙하지 않을 수도 있다. 그렇다면 이 말은 어떤가?

"인생은 짧고 예술은 길다."

예술에 관해 우리에게 가장 익숙한 명언일 것이다. 여기에 나오는 예술이 고대어 테크네다. 테크네라 하면 우리는 흔히 '테크닉 (technic)', '기술'이라는 말로 이해를 한다. 그런데 이 말을 '인생은 짧고 기술은 길다' 이렇게 번역하지 않고, '인생은 짧고 예술은 길다'로 번역을 했다.

테크네를 예술로 번역하는 것에 대해 테크네라는 단어에는 기술이라는 측면도 있으니 기술이란 말이 들어가야 하지 않느냐고 문제 제기를 하는 사람도 있다. 최근에는 두 의미를 담아 '기예', 또는 '학예'라고도 번역한다. 그럼에도 불구하고 왜 '기술'로 번역하지 않고 '예술'로 번역한 것일까?

"인생은 짧고 예술은 길다."는 히포크라테스(Hippocrates)가 한 말이다. 의사들이 의사로서의 사명을 고취시킬 때 주로 사용하는 '히포크라테스 선서'의 그 히포크라테스다. 히포크라테스도 의사였다. 의사로서 평생을 살았던 히포크라테스가 '인생은 짧고 테크네는 길다'라고 할 때 그 테크네가 과연 무엇일까? 이걸 의술로 바꿔 생각해 본다면 이렇게도 바꿀 수 있겠다.

"인생은 짧고 의술은 길다."

의술을 기술로 생각을 해야 될까, 예술로 생각해야 될까? '성형 기술'도 괜찮지만 그 기술이 너무 뛰어나다면 '성형 예술'도 틀린 말은 아니다.

오늘날 테크네에 어떻게 기술적인 측면만 남았는지, 테크네의 다른 쪽 측면인 예술은 어떻게 아트라는 말로 정착됐는지 그 구체적인 역사를 살펴보자.

❧ 테크네의 의미 ❧

원래 그리스어 테크네는 간단한 손재주와 손재주를 활용할 수 있는 지식까지 포함한 단어였다. 그런데 여러 문헌을 통해 테크네의 의미가 점점 좁아지는 것을 확인할 수 있다. 특히 고대 로마의 정치가이자 연설가, 철학가인 키케로(Cicero)는 저서 《연설가에 관하여》에 테크네가 어떤 식으로 좁아졌는지 구체적으로 밝혔다.

키케로는 연설가가 되기 위해서는 '아르스(ars)'를 공부해야 된다고 말한다. 이 아르스가 바로 테크네를 라틴어로 번역한 말이다. 키케로는 연설가들은 열심히 수사학의 아르스 즉 테크네를 배워야 되는데, 원래의 아르스를 공부하지 않고 아르스의 아주 작은 부분만을 공부한다고 비판했다.

그대는 변론이란 "교양이 가장 풍부한 사람의 기술"이라는 나의 주장과 의견을 달리해 "학식의 세련 정도와 분리 해석할 문제이고 다만 재능과 실천에 의존하는 것"이라 생각한다고 말하고 있다.

— 키케로, 《연설가에 관하여》 2장 중에서

당시 연설가들은 법정에서 변론을 많이 했다. 정치가로서 사람들에게 이러이러한 법률이 필요하다고 얘기하면서 시민들을 이끌어 나가기도 했다. 이렇게 여러 방면에서 연설을 해야 되니 무엇보다 아르스가 중요했다.

변론은 만반에 걸친 광범위한 지식이 획득되지 않으면 안 된다. 그것 없이 변론은 내용이 허술해 가소로운 언어의 나열에 불과하게 되기 때문이다. 또 자연이 인류에 부여한 인간의 마음을 자세히 알지 않으면 안 된다. 변론의 진가와 기술은 청중 마음을 때로 진정시키고 때로 흥분시킬 때 발휘되기 때문이다.

— 키케로, 《연설가에 관하여》 5장 중에서

키케로의 눈에는 연설가들이 아르스를 좁은 의미로만 파악하고 목소리만 연습하는 것처럼 보였다. 노력하지 않고 선천적으로 말재주가 있는 사람들이 연설가가 되는 현상이 벌어졌다. 키케로가 보기엔 이는 곧 아르스가 줄어드는 현상이었다. 그래서 키케로는 좁아진 의미의 테크네가 아니라 원래의 테크네로 복원해야 된다고 주장했다.

테크네의 의미가 좁아지는 것에 대해 걱정한 것은 키케로만이 아니었다. 로마 공화정 시기에 크라수스라는 감찰관이 있었다. 감찰관은 '켄소르(censor)'라 불리는데, 요즘 말로 한다면 풍기문란하지 않은지, 재정의 비리가 있지 않은지 이런 것을 주로 감사하는 관직이다.

크라수스는 감찰관으로 있으면서 로마 수사학 학교가 좁아진 테크네만 가르치는 것이 문제가 있다 생각했다. 목소리 연습만 하고 말재주만 가지고 아무렇게나 변론하고 시민들을 선동하는 일이 생기지 않을까 우려했다. 그래서 기원전 91년에 '켄소르 고시'를 내려 수사학 학교를 잠시 문을 닫게 하고, 그 안에서 가르쳤던 교사들을 추방한 일도 있다.

로마의 지도자들은 로마공화정이 올바로 가기 위해서는 테크

* 지오반니 바티스타 티에폴로, 〈마시바를 풀어주는
스키피오 아프리카누스(Scipio Africanus Freeing Massiva)〉(1719~1721)

1매듭 인생은 짧고 예술은 길다 – 테크네

네가 무엇인지 온전하게 사람들에게 알려지고, 테크네의 원래 의미 그대로 전수돼야 한다고 생각했다.

✤ 테크네의 핵심은 인문학 ✤

키케로는 테크네가 온전히 복원돼야 한다 했는데, 그가 말하는 테크네는 무엇인가? 한마디로 얘기한다면 바로 '후마니타스 (humanitas)', '인문학'이다. 인문학을 통해서 아르스, 즉 테크네를 복원해야 한다는 것이다.

'인문학이 테크네다'라는 주장은 굉장히 파격적인 주장이었다.

* 테크네의 온전한 복원을 주장한 키케로 © shutterstock

테크네가 줄어드는 것에 별 문제의식을 갖고 있지 않았던 사람들에게 이 말은 큰 충격을 주었다. 기원전 2세기에 고대 로마에서 활동한 테렌티우스(Terentius)라는 희극작가가 자신의 책에 '나도 인간인데 날 인간답게 대우해 주세요.'라고 언급은 했지만, 이렇게 사상적으로, 정치적으로, 또는 교육학적으로 인문학이 중요하다고 이야기한 사람은 없었다.

원래의 테크네를 복원하기 위해서 후마니타스, 인문학으로 돌아가야 된다는 키케로의 주장은 로마공화정의 공동체를 붙잡기 위한 몸부림이었다. 키케로는 후마니타스를 수사학의 본질이라 주장하며 고대 그리스부터 내려온 인본주의 전통을 로마까지 잇고자 했다.

그렇다면 키케로가 주장했던 인문학의 주요한 요점이 무엇이었을까? 하나는 '교양(enkyklopaedeia)'이고 또 하나는 인간을 사랑하는 '인간애(philanthropia)'에 대한 것이었다.

교양이라고 할 때 그리스어 '엔퀴클로파이데이아(enkyklo-paedeia)'를 쓰는데, 보통 줄여서 '파이데이아'라고 한다. 엔퀴클로파이데이아에서 엔(en)은 영어의 in이라는 말이고, 퀴클로(kyklo)는 서클(circle)이란 말이다. 파이데이아는 교육(education)이다. 교육을 서클 안에서 한다, 이 개념이 엔퀴클로파이데이아다. 백과사전을 의미하는 '엔싸이클로피디아(encyclopeda)'라는 말도 교양이란 엔퀴클로파이데이아에서 나왔다.

그리스어로 인간됨은 안드로피아(anthropia), 사랑은 필(phil)이고, 인간애는 '필안드로피아(philanthropia)'이다. 즉 교양은 어

1매듭 인생은 짧고 예술은 길다 – 테크네

떻게 해야 인간을 사랑하고 인간 됨됨이를 우리가 고양시키면서, 다른 사람을 도울 수 있을지에 대해 생각하는 것이다.

자유시민은 엔퀴클로파이데이아라고 해서 반드시 공부해야 될 학문들이 몇 개 있었다. 많을 때는 11과목, 줄어들면 7과목이었다. 이것이 로마에 가선 자유시민 7개의 학문이라고 해서 '자유7학예(liberal arts, liberales septem artes)'로 정착이 된다.

⚜ 키케로가 말한 인문학의 부활 ⚜

키케로가 살던 당시 로마 수사학 학교에서는 과목을 줄이고 줄여 몇 개의 정규과목만 암기식으로 달달 외우면 그걸로 교양 공부는 다 끝난다고 생각했다. 키케로는 테크네는 기술이자 예술이자 학문인데, 단지 몇 과목만 공부하고 연설 기술을 지닌 연설가만 늘어나는 것을 경계했다. 이런 연설가들이 시민들을 선동하고, 제대로 분별하지 못한 시민들이 그에 현혹된다면 자칫 독재 정치로 넘어가 로마공화정이 무너질 수 있기 때문이다.

그래서 키케로는 테크네의 복원 즉 아르스, 인문학의 부활을 주장한 것이다. 키케로의 대표 저서인 《연설가에 대하여》는 테크네의 의미가 점점 축소되어 모양을 잃게 된 것을 복원해야 할 필요성을 문헌적으로 밝혀 놓은 것이라 하겠다.

키케로는 테크네를 '지성, 인성, 감성'의 세 차원으로 이야기하는데 그중에 지성 차원에서 주장했던 것이 '테시스(thesis) 훈련'

이다. 'theory(이론)'도 이 테시스에서 나온 말이다.

테시스를 당시 의미를 되새기며 번역을 한다면 '일반성'이라고 할 수 있다. 일반성이라는 것은 어떠한 구체적인 사건들에서 보편성을 찾아내는 것이다. 테시스 훈련은 개별적인 여러 특정 사건들이 있는데 여기서 공통된 일반문제를 끌어내도록 하는 것이다.

테시스로 끌어내기 위해 보여주는 여러 특정 사건들은 테시스 밑에 있다고 해서 '히포테시스(hypothesis)'라고 한다. 그리스어로 '밑에'라는 말이 '히포'다. '가설'이라 번역되는 히포테시스가 예전에는 테시스 밑에 있는 특정 개별적인 모든 사건들을 의미했다.

키케로의 눈에는 로마 수사학 학교가 히포테시스, 특정 개별적인 사건에서 보편성으로 끌어내는 연습을 해야 하는데 이런 것을 가르쳐주지 않고 계속 특정 사건만 가지고 언제 어떻게 일어난 것인지만 따지는 것처럼 보였다. 요즘으로 이해한다면 로마 수사학 학교가 판례만 가르쳐주고 그 판례들을 포괄할 수 있는 보편성은 어떻게 끌어낼 수 있는지는 가르치지 않은 것이다.

폭넓은 학식을 공부해서 특정 과목들의 사건들을 알고 거기서 보편성을 끌어내는 훈련을 하는 것이 실제적으로 인간으로서, 자유시민으로서 해야 될 능력이다. 이것이 키케로의 주장이다.

⚜ 인성과 감성의 중요성 ⚜

이제 인성 차원을 보자. 앞서 인문학이라고 할 때 고대 그리스

전통은 교양만 있는 것이 아니라 인간애가 있다고 언급했다. 이 인간 됨됨이를 위한 것도 키케로가 주장을 한다. 그중에 가장 중요하게 이야기를 한 것이 바로 '사람은 인성을 배워야 한다'였다. 키케로가 말한 인성에는 존경받을 만한 권위, 영예, 감사, 기품, 위엄 그리고 부끄러워할 줄 아는 것이 포함된다. 인성 차원에서 이런 것들을 회복해야 한다고 말한다. 키케로는 올바른 권위가 무엇인지, 올바른 기품이 무엇인지, 올바른 영예가 무엇이고 올바른 감사가 무엇인지를 열심히 가르쳤다.

키케로는 감성 차원으로 '해학'을 강조했다. 해학이란 사람에게 웃음을 선사하면서 비판하는 것이다. 그래서 비판을 받은 자가 비난을 듣고도 웃음과 함께 '그래. 나의 삶을 좀 돌아봐야 되겠구나.'라고 생각하게 만든다.

키케로는 해학에 대해서 희극작가들을 언급하면서 자신의 생각과 다르다고 무조건 비판하고 무조건 헐뜯는 것이 아니라 한마디를 하더라도 웃음을 던져주어야 한다고 말했다. 웃으면 격한 감정이 좀 사라지지 않는가? 웃으면서도 자신의 삶을 되돌아보게 하는 것, 이것을 가르쳐야 한다는 것이다. 이것이 키케로가 보기에 감성 차원에서 테크네가 회복될 수 있는 길이었다.

아르스에서 아트로

테크네가 라틴어로 번역되면서 '아르스(ars)'가 되었는데 이게 영어의 '아트(art)'다. 요즘은 테크닉은 기술적인 측면을, 아트는 예술적인 측면을 강조하는 말로 쓰인다. 그렇다면 아르스가 어떻게 미술로 바뀌게 되었는지를 잠시 살펴보도록 하자.

인문학적인 의미로 폭넓게 쓰이던 테크네가 좁아진 의미의 아트가 된 것은 르네상스를 거치면서다. 고대의 교양, 파이데이아 즉 엔퀴클로파이데이아가 중세 때는 7과목으로 확고하게 자리를 잡는다. 대학에서는 문법학, 수사학, 논리학, 산술학, 기하학, 천문학, 음악을 '자유7학예'라 하여 가르쳤다. 그런데 음악은 지금 우리가 생각하고 있는 음악이 아니었고 미술 등의 예술도 없었다. 중세 때까지만 해도 오늘날의 공연 예술에 속하는 과목을 가르치지도 않았던 것이다.

그럼 예술은 무엇이었을까? 당시에 생각하던 예술은 수공예였다. 조각, 회화도 마찬가지였다. 모든 것이 길드라고 하는 동업조합에서 가르쳐주는 수공업이었다. 그러다 보니 교양보다는 장인의 기술이 중요했다.

르네상스 시대에 들어서자 많은 귀족들이 미술을 후원하기 시작한다. 수공업으로 작품을 만들던 장인들은 '아, 저 후원자들의 지원을 받아 작품을 만들려면 더 수준 높은 작품을 만들어야 되지 않을까.' 이런 생각을 하게 된다. 그래서 테크네에 관심이 없던 장인들이 공부를 하게 된다.

처음에는 별도의 과목을 공부하던 이들이 점점 7학예에 접근하며 교양을 쌓게 된다. 교양을 많이 쌓은 작가들이 조각, 회화, 건축 분야에 등장하는 것이 바로 이 시기였다. 그러면서 예술이

점차 장인들의 기술 차원을 넘어 학문의 세계에 도달한다.

미술가, 회화가, 조각가, 건축가들이 교양을 갖추게 되니, 사회적으로도 그들의 높은 학식을 인정하는 분위기가 생겼다. 그리고 그들이 하는 미술에도 점점 아르스 또는 테크네라는 이름을 붙이게 된다.

18세기가 되면 아르스에 들어 있던 영역들이 분리되는 현상이 나타난다. 아르스라는 개념에 포함되어 있던 7개의 학문이 독립된 학문으로 인정받았다. 대표적인 것이 과학과 관련된 학문들이다. 아르스에 있던 학문이 독립을 하자 사람들은 '아르스' 하면 미술이라고 생각하게 된다. 그러면서 혼란이 생겼다. 아르스라고 할

* 지오반니 디 세르 지오반니 귀디, 〈7개의 자유 학예(The Seven Liberal Arts)〉(1460)

때 원래 있던 7개의 학문을 말하는 건지, 새롭게 여기에 포함시켰던 미술을 얘기하는 건지 헷갈렸다.

그래서 미술을 그냥 아르스라고 하지 말고 거기에 '좋은'이라는 말을 넣자는 움직임이 생긴다. 근대적 예술 개념을 처음 세운 프랑스의 철학자 샤를 바퇴(Charles Batteux)는 예술을 정의하면서 프랑스어로 '좋은 아트(beaux arts)'라는 용어를 사용한다. 이 말이 영어로 옮겨지면서 '파인 아트(fine arts)'가 되었다.

초기 '좋은 아트'에는 회화, 조각, 건축, 무용, 음악, 그리고 수사학 등의 7학예가 다 포함되어 있었다. 그런데 19세기에 'fine arts'라는 영어로 바뀌고 나서는 7학예에 속한 것이 모두 빠진다.

1매듭 인생은 짧고 예술은 길다 – 테크네

* 샤르 바퇴의 책《Les Beaux Arts(좋은 아트)》

마지막까지 남아 있던 수사학까지 빠지자 회화, 조각, 건축, 보통 시각적인 예술만을 '파인 아트'로 지칭하게 된 것이다. 이후 '파인'이란 말도 빼버리고 '아트'라는 용어가 정착된다. 이제 우리는 아트라고 하면 시각으로 보는 미술만을 떠올리게 되었다.

예술과 기술의 분리

그런데 원래 예술만이 아니라 기술도 포함하고 있었던 테크네에서 기술의 개념은 어디로 간 것일까? 19세기 후반에 많은 사람들이 아트를 미술로 이해를 하면서 기술은 테크닉 또는 테크놀로지라는 말로 아트와 분리된다.

원래 과학을 포함하던 아르스가 파인 아트의 개념이 생긴 후 미술로만 생각하는 경향이 커지게 되니 과학적 지식이나 기술을 표현할 개념이 따로 필요해졌다. 19세기 후반에 과학이 발전을 하면서 과학자들은 이걸 어떻게 표현해야 할지 고민한다.

그래서 과학자들은 테크네라는 용어를 그대로 끌고 와서 거기에 기술적인 의미를 집중적으로 부각시키게 된다. 지금 우리가 테크닉이라고 할 때 예술의 의미는 넣지 않고 기술의 의미만을 넣는 이유가 이것이다.

19세기에 파인 아트가 정착이 되며 나누어진 예술과 기술이 19세기 후반에 가서는 완전히 분리되어 한쪽은 아트라는 말로 예술을 강조하게 되었고, 한쪽은 테크닉이라는 말로 기술을 강조하게 되었다. 원래 한 단어로 테크네 또는 아르스로 표현했던 예술과 기술이란 말이 19세기 후반에 들어서 비로소 완전히 분리된 것이다.

그런데 우리는 의식하지 못한 채 아트를 가끔 기술로도 이해를 한다. 에리히 프롬(Erich Fromm)이 쓴 《The Art of Loving》이라는 책을 '사랑의 예술'로 번역하지 않고, '사랑의 기술'이라고 번역한다. 그래서 지금도 아트라는 말을 쓸 때 꼭 예술만 얘기하지 않고 거기에 고대 교양, 테크네의 전통이 그대로 남아서 아직도 기술로 쓰는 경우도 많다.

테크네, 공유의 정신

초반에 얘기했던 히포크라테스의 "인생은 짧고 예술은 길다."는 명언으로 돌아가 보자. 이제는 예술이 기술도 포함하는 개념이라는 것을 알 수 있다. 우리는 히포크라테스의 《잠언집》에서 첫 문장만 알고 있는데 그 전체 문장은 다음과 같다.

인생은 짧고 예술은 길다. 시간은 촉박하여 그 촉박한 인생에 실수하기 쉽고 인생의 결단은 험난하다. 하지만 필연을 행하는 것은 자신을 위해서뿐만 아니라 환자, 간호인, 그 외부인을 위해서도 갖춰져야만 한다.

– 히포크라테스, 《잠언집》 1장 중에서

히포크라테스의 말을 좀 주의 깊게 보자. 테크네는 아주 길다고 이야기를 한다. 반면에 인생은 짧기 때문에 험난하고 사라지기 쉽고 실수하기 쉽다고 이야기를 한다. 그러면서 당부를 하고 있는 것이 환자, 간호인, 그 외부인을 위해서도 이 테크네 '인류처럼 필연을 행하는 것'으로 갖춰야 된다고 이야기를 한다.

그렇다면 히포크라테스가 생각한 테크네의 역할은 무엇일까? 이것은 그냥 나 혼자 누리고, 나 혼자 갖추어야 될, 나 혼자 즐겨야 될 기술이나 예술이 아니다. 이 테크네는 외부인을 향해서 갖추어져야 할 것이다. 그래야 이 테크네로 많은 사람들의 생명을 구할 수 있다. 히포크라테스는 의사였으니 테크네를 갖춰야 다른

* 얀 코시에르, 〈불을 나르는 프로메테우스(Prometheus Carrying Fire)〉(1637)

1매듭 인생은 짧고 예술은 길다 – 테크네

사람의 증상을 파악하고 병도 고칠 수 있다고 생각을 했던 것이다. 이것이 지식이나 예술을 독점하는 것이 아니라 모든 공동체와 공유하고 공생하려고 했던 테크네의 정신이다.

테크네는 자신뿐만 아니라 타인을 위해서 갖춰질 때 인간애가 된다. 그것이 아름다운 테크네로서 역할을 할 수 있다. 테크네를 갖췄다는 것은 기술도 잘 알아야 하지만 그걸 통해서 다른 사람에게 베풀 수 있는 경지까지 오른 것이다. 이것을 생각하는 것, 이것이 아름다운 것이다.

그리스 신화에 보면 테크네를 신으로부터 빼앗아서 인간에게 전해준 신이 있다. 바로 프로메테우스다. 프로메테우스는 신들에게서 불을 빼앗아 그 불과 함께 테크네를 인간에게 주었다. 여기에도 공유의 정신이 있다. 신들만 그 불을 가지고 혼자 테크네를 쓰려는 독점이 아니라 인간과 함께 나누려고 하는 그 공유의 정신 말이다. 이게 바로 원래 테크네의 정신이다.

현대에 들어 테크네가 아트라는 개념으로 좁아졌다. 이제 아트의 원래 정신은 무엇일지 생각해 보아야 할 때다. 키케로가 말했듯이 테크네가 좁아지면 사람들을 올바른 길로 이끌기보다 포퓰리즘에 빠져 선전, 선동을 하는 위험한 지경에 갈 수도 있다.

교양의 차원만이 아니라 인간 됨됨이, 인간성을 포함할 수 있는 그러한 테크네, 그리고 그것이 나만 위한 테크네가 아니라 다른 사람을 위한 테크네로 복원되고 부활될 때 올바른 아트의 개념으로 자리를 잡는 게 아닌가 생각한다.

무모함과
비겁함 사이

— 아레테 —

아레테
Arete

탁월함 혹은 도덕적 미덕 ἀρετή

영어 '벌추(virtue)'의 의미를 '덕, 덕목, 미덕'으로 알고 있다. 하지만 이 단어가 덕과 관련되지 않는 의미도 있다. 다음 영어 문장을 보자.

"The main virtue of steel is its strength."

'virtue of steel'을 뭐라고 번역을 할까? 강철의 덕? 이럴 때는 '강철의 장점'이라 번역하는 게 맞다. virtue에 덕이라는 의미만 있는 게 아니라 장점이라는 의미도 있음을 알 수 있다. 또 다른 문장을 보자.

"The virtue of this drug is temporary."

이 문장에서는 '약의 덕'이 아니라 '약의 효과'라 해야 의미가 더 잘 통한다. "이 약의 효과는 일시적이다." 이렇게 말이다.

virtue를 복수로 써서 'Virtues'라고 하면 '역천사(力天使)'를 말한다. 중세시대에는 천사도 계급이 있었는데 '다섯 번째 계급의 천사가 힘을 가졌다'라고 해서 '힘 력(力)' 자를 써서 역천사라 불렀다.

이렇듯 virtue라는 말 속에는 힘, 장점, 효과 등 다양한 의미가 있다. 그래서 영어 공부를 할 때 virtue를 그냥 도덕적인 우수성, 고결함, 정조로만 생각하면 번역이 안 되는 문장들이 많다.

숙어 'by virtue of'는 '~의 덕분에'도 되고 '~의 힘으로'란 의미도 된다. 여기에도 힘이라는 의미가 있다. 그러면 왜 virtue에 힘이라는 의미가 들어갔을까? 이것은 이 말의 어원인 고대 그리스어 '아레테(ἀρετή)'라는 말을 알면 자연스럽게 이해할 수 있다.

⚜ 아레테 속에 포함된 힘의 의미 ⚜

그리스어의 아레테는 라틴어로 번역하면 '비르투스(virtus)'이다. 영어의 벌추라고 하는 말이 이 비르투스에서 온 것이다. 라틴어로 '비르(vir)'는 남자란 뜻이다. 아레테가 라틴어로 비르투스로 번역될 때 남성다움 또는 힘과 관련되었다는 것을 알 수 있다.

과거 가부장적인 사회에서 남성에 대해 높은 가치를 부여했을 수 있다. 그러니까 벌추에도 남성성, 남성다움이라는 의미가 있다 하겠다.

그럼 그리스어로 아레테의 원래 의미는 무엇일까? 이에 대해 여러 논쟁이 있지만 가장 많이 알려진 것은 이 아레테라는 말이 '아레스(Ares)'라는 신의 이름에서 왔다는 설이다. 아레스는 전쟁의 신이다. 힘이 있고 용감하고 강한 신 아레스와 아레테를 연관 지어 아레테를 힘과 관련되는 것으로 해석을 한다.

그리스어 형용사 중에 '아레이오스(areios)'라는 말이 있다. 이것도 아레스와 관련된 말로 '아레(are)'라는 말이 힘과 관련이 있다. 즉 아레테라는 말이 어원적으로 힘, 강함과 연관된다는 것을 자연스럽게 알 수가 있다.

하지만 아레테를 힘, 또는 자신의 남자다움을 드러내는 '용기'로 번역하면 좀 이상한 문장도 있다. 그럴 때는 '탁월함(excellence)'이라고 번역을 하기도 한다. 주로 고전문학이나 고전철학 전문가들이 아레테가 나오면 힘과 관련시켜 '용맹성'이라 번역하기도 하고, 그 힘이 잘 발휘되어야 한다는 의미에서 '탁월성'이라고 번역하기도 한다.

호메로스의 경쟁적 아레테

최근 연구에서는 아레테를 다른 관점으로 해석하는 이론이 나

* 전쟁의 신 아레스

왔다. 하나는 아레테를 경쟁적인 개념으로 이해하는 이론이고, 또 하나는 아레테를 협업적인 개념으로 이해하는 이론이다. 경쟁적인 아레테 개념은 아레테는 힘이고 탁월함이니 경쟁 상황에서 드러나는 것으로 본다. 반면 협업적인 아레테 개념은 아레테가 힘이고 탁월함이지만 혼자만 잘하는 것이 아니라 공동체와 사회에서 협업을 잘하는 것으로 본다.

경쟁적인 아레테는 호메로스(Homeros)의 글에서 많이 나타난다. 호메로스는 그리스 최고의 문학가로 불리는 사람으로 청동기 시대를 배경으로 《일리아스(Illias)》, 《오디세이아(Odysseia)》라는 서사시를 썼다. 그 작품을 가만히 보면 그 안에 아레테라는 말이 굉장히 많이 등장한다.

그런데 아레테를 '덕을 세웠다' 이렇게 번역하기 애매한 문장들이 있다. 예를 들어 트로이 전쟁에 대해 노래한 《일리아스》에서 그리스연합군 장군인 아킬레우스가 상대편인 트로이군과 싸우는 장면을 보자. 아킬레우스가 엄청난 기세로 사람들을 칼로 베는데 그걸 보고 사람들이 "아레테가 있다"라고 말을 한다. 이 문장에서 아레테를 덕이라는 말로만 이해해서는 해결이 안 된다. 여기서는 탁월함, 힘 또는 무엇인가 공을 세우는 것으로 이해해야 해결이 된다.

전쟁 또는 경기, 경연과 같이 경쟁하는 상황에서 자신을 드러낼 때 "저 사람은 아레테가 있다"라고 한다. 그러니까 경쟁적인 아레테는 제한된 상황에서 누군가가 최고가 되거나 1등이 되거나 다른 사람들을 제압하는 등 탁월성을 드러내는 것이다.

2매듭 무모함과 비겁함 사이 – 아레테

* 경쟁적 아레테의 예,
아킬레우스

　호메로스의 다른 작품《오디세이아》를 보자.《오디세이아》의
주인공인 오디세우스는 트로이 전쟁을 끝내고 10년 동안 모험을
겪으며 집으로 돌아온다. 참전했다가 돌아와 보니 아내 페넬로페
주위에 뭇남성들이 모여들어 있다. 그들은 "전쟁이 끝난 지가 언
제인데 아직도 당신 남편을 기다리는가? 남편이 안 오는 걸 보니
이미 죽은 것이다."라며 페넬로페에게 구혼을 한다. 그때 한 사람
이 페넬로페의 남편을 뽑기 위한 시합을 하자고 외친다. 오디세
우스가 옆에 있는데도 알아보지 못하고 말이다.

　그러면서 "우리도 날마다 기다리며 그 아레테 때문에 서로 경쟁할 것입니다." 이렇게 이야기한다. 아레테 때문에 경쟁을 한다. 다시 말해서 경쟁의 아레테가 그 당시 문화 속에 있었다는 것을 알 수 있다.

도덕이나 선악의 의미는 전혀 없이 경쟁에서 자신을 드러낼 수 있으면 그것을 아레테라고 생각했던 것이다. 호메로스의《일리아스》와《오디세이아》를 보면 고대 그리스에서는 아레테가 경쟁적 아레테로 등장한다는 걸 알 수 있다. 그래서 오늘날 우리가 벌추를 그냥 덕으로만 해서는 이해할 수 없다.

✦ 플라톤의 협업적 아레테 ✦

호메로스의 시대, 즉 청동기가 지나고 그리스에 민주주의가 싹튼다. 폴리스 아테네는 민주주의 안에서 공동체를 이룬다. 이때도 아레테에 대한 이야기가 많이 나온다. 그런데 호메로스가 말한 아레테와는 다른 공동체적 성격을 지닌 아레테가 등장한다. 이것이 협업적 아레테이다.

이전에는 경쟁하고 싸우는 일을 통해 아레테가 드러났다. 민주주의가 싹트고 도시가 안정되면서 도시의 지속적 발전을 위해 능력 있는 사람들의 기여가 필요했다. 아테네가 민주주의화 되면서 많은 문헌에 언급되는 아레테는 '협업의 능력'이었다.

《일리아스》와《오디세이아》속에 경쟁적인 아레테가 있다면 어느 문헌에 협업적인 아레테가 등장할까? 대표적인 문헌으로 플

라톤의 《국가》를 들 수 있다. 《국가》에 보면 네 가지의 주된 아레테가 등장한다. 보통 우리는 이것을 줄여서 '4주덕(四主德)'이라 한다. 이 4주덕은 공동체에 필요한 네 가지의 아레테를 의미한다.

4주덕은 첫 번째가 지혜, 두 번째가 용기, 세 번째가 절제 그리고 네 번째가 정의이다. '소피아(sopia)'라고 했던 지혜, '안드레이아(andreia)'

* 협업적 아레테를 이야기한 플라톤

라고 했던 용기, '소프로쉬네(sophrosyne)'라고 했던 절제, '디카이오쉬네(dikaiosyne)'라고 했던 정의를 공동체를 위한 네 가지 덕으로 꼽는다. 이 4개의 주된 덕들을 보면 경쟁적인 아레테가 아니라 협업적인 아레테임을 알 수 있다.

호메로스 시대에는 아레테가 경쟁적 개념이었다면 아테네에 민주주의가 정착된 후에는 사람들이 경쟁적인 아레테보다는 협업적인 아레테를 더 많이 이야기했다. 그렇기 때문에 아레테라는 말 자체에 협업을 할 때 필요한 덕목들이 들어가게 된다. 민주정이 되면서 협업적 아레테가 필요해진 이유는 무엇일까?

플라톤의 대화편 중 《라케스》를 보자. 뤼시마코스와 멜레시아스가 아들 교육에 대한 조언을 얻기 위해 아테네 장군인 니키아스와 라케스를 초대한다. 이들과 함께 동행한 소크라테스가 두 장군과 대화를 통해 용기란 무엇인지 논의하는 내용이 《라케스》에 담겨 있다. 《라케스》에 아레테가 필요한 이유를 이렇게 밝힌다.

> 목적에 맞게 운영하는 데 도움을 주는 지식을 배우기 위해서 아레테가 필요하다.
> – 플라톤, 《라케스》 중에서

한마디로 말하면 목적에 맞게 운영해 나갈 때는 지식이 있어야 되는데, 그 지식을 위해서 아레테가 필요하다는 것이다. '그래, 이 폴리스가 무너지면 안 돼. 어찌 되었든 적들이 쳐들어올 때 이 폴리스가 붕괴되지 않도록 지킬 수 있는 방법이 무엇일까.' 이런 목적이 생긴다. 국가가 침몰하지 않도록 이끌어 나가기 위해서 사람들에게 필요한 것이 아레테다.

《라케스》에서는 아레테 전체를 살펴보는 것은 너무 거대한 작업이 될 테니 아레테의 한 부분인 용기에 대해 논의하자고 제안한다. 그래서 이 대화편에서는 아레테를 좁혀 용기에 대해 이야기를 한다. 그러면 아레테의 한 부분인 용기를 어떻게 이해를 했는가? 목적에 따라서 잘 운용하기 위해서 아레테가 필요하다고 할 때 그건 도대체 무얼 말하는가?

2매듭 무모함과 비겁함 사이 – 아레테

무모함과 비겁함 사이의 용기에 대하여

플라톤은 용기를 중간에 있는 어떤 것으로 생각했다. 용기가 어디 중간에 있는가? 한편으로는 무모함, 또 다른 한편으로는 비겁함. 이 무모함과 비겁함의 중간에 있는 것, 이것이 바로 용기라고 했다.

예를 들어 지금 나라가 어려움에 처했다면, 적군이 쳐들어온다면 어떻게 행동하는 것이 무모함이고 어떻게 행동하는 것이 비겁함인가? 그리고 그 중간에 있는 걸 택하는 것이 아레테, 용기라고 했는데 이 판단을 어떻게 해야 되는가? 사실 이것은 굉장히 어려운 문제다.

전쟁에서 버티며 싸우고자 하는 사람이 현명하게 계산하고 있을 때, 즉 다른 사람들이 자신을 도와줄 것이고, 그런 한편 자신은 자기편보다 수가 적고 변변찮은 자들을 상대로 싸우고 있으며, 게다가 상대보다 우세한 위치를 점하고 있다는 걸 알고 있을 때, 선생님께서는 그런 식의 현명함과 대비를 갖추고서 버티는 이 사람을 더 용감하다고 말씀하시겠습니까, 아니면 상대편의 진영에 남아 버티고자 하는 사람을 더 용감하다고 말씀하시겠습니까?

– 플라톤, 《라케스》 중에서

무모함과 비겁함의 이해를 돕기 위해 영화 한 편을 소개하겠다. 김훈 작가의 소설을 원작으로 한 황동혁 감독의 〈남한산성〉이란

이병헌   김윤석

남한산성

조선의 운명이 걸린 47일간의 기록

박해일   고수   박희순   조우진   **절찬 상영중**

* 영화 〈남한산성〉

영화다. 이 영화의 배경은 인조 때로 청나라가 쳐들어온 병자호
란 시대다. 신하 두 명이 한쪽은 청나라에 절대로 굴복해선 안 되
고 싸워야 한다고 주장하고, 한쪽은 지금 군인들이 먹을 것이 없
어 가마니까지 먹는 지경인데 싸우러 나가는 것은 개죽음일 뿐이
라며 싸움을 반대한다. 영화 속에서는 이 두 주장이 계속 갈등을
일으키고, 결국 인조가 청나라에 항복을 하면서 영화가 끝난다.

　청나라와 어떻게 하는 것이 용기 있는 것이었을까? 싸우러 나가는 것은 무모함이 아닐까? 계속해서 피하고 항복하고 하는 것은 비겁함이 아닐까? 이것이 무모함과 비겁함 사이 갈등의 예다. 이 무모함과 비겁함에 대해 중간의 것을 택할 수 있는 것이 용기이며 그걸 위해 아레테가 필요하다.

❧ 아레테의 첫 번째 조건, 기능 ❧

고대 사람들은 아레테를 이해하는 조건을 뭐라고 했을까? 크게 기능과 분배 두 가지를 든다.

첫째, 기능을 알아야 한다. 이것은 앞에서 말한 테크네와 관련이 있다. 내가 손재주가 있는지 없는지, 이것을 다룰 줄 아는지 모르는지 하는 기능에 대한 테크네가 필요하다. 이 테크네는 협업을 할 때 탁월함의 아레테를 나타내기 때문에 공동체 안에서 자신의 기능을 아는 것으로부터 아레테가 나온다고 할 수 있다. 예를 들어 내가 가야금 연주를 잘할 줄 안다면 공동체 안에서 예술을 통해 탁월함을 드러낼 수 있다. 이 탁월함을 가진 사람은 예술가의 기능을 하는 것이고, 가야금을 다룰 줄 아는 테크네를 통해 공동체에 무엇인가 좋은 것을 남길 수가 있는 것이다.

플라톤의 제자였던 아리스토텔레스는 《니코마코스 윤리학》에서 기능을 아는 것에 대해서 이렇게 얘기한다.

행복은 아레테에 따른 영혼의 활동이다. 그리고 아레테는 영혼의 기능을 올바르게 발휘하는 것이다.

– 아리스토텔레스, 《니코마코스 윤리학》 중에서

우리는 행복감에 대해 뇌에서 호르몬이 분비되어 기분이 좋아지는 것으로 생각한다. 감정에 치우친 것, 쾌감, 쾌락 이런 것과 연결시켜 이해한다. 그런데 아리스토텔레스는 그렇게 말하지 않는다. 행복은 아레테에 따른 영혼의 활동이라는 것이다. 영혼의 기능을 올바로 발휘하는 것이 아레테라며 아레테와 기능을 연결시킨다.

✨ 아레테의 두 번째 조건, 분배 ✨

둘째, 분배를 잘해야 된다. 각자의 기능이 가능하려면 개인의 탁월함만 알아서 되는 것이 아니라 사회 전체를 하나의 유기체로 보고 그 안에서 기능을 잘 분배할 수 있어야 한다. 플라톤은 이것을 '정의의 아레테'라고 말한다.

정의는 4주덕 중 하나다. 정의가 왜 아레테가 되었을까? 분배를 잘하는 것이 아레테를 발휘하기 위해서, 또 협업적인 아레테를 위해서 굉장히 중요하기 때문이다. 기능을 잘 알고 분배를 잘할 때 아레테가 잘 발휘된다.

아테네가 초기 도시 국가 단계일 때는 기능을 갖춘 사람들, 농부, 목수, 직물 짜는 사람, 제화공, 기타 한두 명의 장인만이 필요했다. 그런데 폴리스가 점점 커지자 한두 명의 장인으로는 유지가 되지 않았다. 한 사람이 여러 가지 일을 다 할 수 있는 것도 아니고, 사람마다 각자 갖고 있는 소질이 다르기 때문에 자기 기능에 맞는 일을 할 때 가장 효율적으로 폴리스가 운영된다고 생각했다. 그래서 이 기능을 잘 파악하는 것, 그리고 폴리스 안에서 각각이 어떤 일을 할 수 있을지를 분배해서 겹치지 않도록 해주는 것, 이것이 공동체가 발전할 수 있는 좋은 길로 봤다.

플라톤은 기능에 맞게 일을 분배하는 것을 정의라고 보았다. 그런데 플라톤의 제자였던 아리스토텔레스는 이 분배 정의만이 아니라 기능이 잘 발휘되도록 뒤에서 지지해주는 정의가 필요하다고 주장했다. 그것이 '보상'이다.

아리스토텔레스는 보상의 정의를 이야기한다. 분배의 정의, 기능을 잘 나눠서 사회가 유기적으로 운영될 수 있도록 하는 것에 더해 기능을 가진 사람이 마음껏 자기의 역량을 발휘할 수 있도록 보상이 있어야 그 사회가, 공동체가, 폴리스가 발전할 수 있다고 했다. 이때 분배와 보상의 경우 자신의 몫 이상을 가지면 안 되며, 항상 타인과의 관계성 속에서 내가 이 아레테를 어떻게 협업으로 발휘할 수 있을지를 가장 중요하게 생각해야 한다.

어떻게 보면 동물에게도 아레테가 있다. 호메로스의 작품에서는 동물에게도 아레테가 있다고 표현한다. 힘이 넘치는 말을 보고 "저 말 아레테가 있어."라고 이야기하는 장면이 등장한다. 그런데 이 정의의 아레테, 기능을 분배하고 기능에 대해서 보상해주는 이 아레테는 인간만 가진 아레테라서 동물과 구분되는 아레테다. 사회가 협업이 잘 이루어지면 적은 없게 된다. 모든 사람이 그 공동체 안에서 서로 이해하고 우정을 나누는 사람이 된다. 그래서 필요하게 된 것이 친구에 대한 개념이다.

⸮ 또 다른 나, 알테르 에고(alter ego) ⸮

마지막으로 아레테와 관련해서 친구가 왜 중요한지에 대한 아리스토텔레스의 이야기를 들어보자. 이상적인 국가에서는 경쟁이 없어지니 서로의 탁월함을 협업할 수 있는 아레테를 통해 드러내게 된다.

아리스토텔레스는 우정이 가능하기 위해서는 세 가지가 있어야 된다고 했다. 첫 번째는 아레테가 있어야 된다. 협업하기 위해 탁월함의 아레테가 필요하다. 두 번째가 즐거움(헤도네, hedone)이 있어야 된다. 만났는데 즐겁지 않고 싫다면 우정이 될 수 있겠는가. 세 번째로는 이득, 유용함(쉼페론, sumpheron)이 있어야 된다. 친구를 만나는데 나는 주기만 하고 손해만 는다면 우정이 아니다.

어떻게 보면 아리스토텔레스가 우정의 세 가지 조건이 탁월함, 즐거움, 이익이라고 한 것은 협업적인 아레테가 잘 발휘될 때 모든 것이 가능하다는 의미로 볼 수 있다. 그래서 마음이 통하는 친구를 '또 다른 나'라고 표현한다. 희랍어로 '또 다른 나'를 '알로스 아우토스(allos autos)'라고 하는데, 이 말을 라틴어로 번역하면

* 라파엘로의 〈아테네 학당(School of Athens)〉 속 플라톤과 아리스토텔레스

'알테르 에고(alter ego)'다.

협업적인 아레테가 잘 발휘돼야 친구와 함께 서로 모든 기능을 온전히 발휘할 수 있고, 그래서 둘이 속한 공동체가 지속될 수 있을 뿐만 아니라 그걸로 서로 즐길 줄 알고 서로 이득이 된다. 이것이 알테르 에고다.

아리스토텔레스는 '또 다른 자아'는 밖에 나가서 '저 사람과 친구해야지' 하고 선택해서 만나는 관계가 아니라 내 속에서 나와 맺은 관계를 잘 유추하여 그것을 발휘할 수 있는 또 다른 사람을 찾을 때 만들어지는 관계라고 한다.

이를 테면 이런 것이다. '나의 기능은 뭐지? 나에겐 어떠한 소질이 있지?'라며 나와 관계를 맺을 때 아레테가 발휘된다. 그다음 '나의 기능을 잘 발휘하고 잘 드러낼 수 있는 곳은 어디일까? 학교에 가서 그래야 될까? 직장에 가서 그래야 될까? 가정에서 해야 될까? 아니면 동아리를 하나 만들어야 될까?' 이런 질문을 하며 그것을 분배할 수 있는 곳을 찾는다. 그곳에서 맺어지는 관계가 친구다.

나의 아레테에 대해 열심히 성찰하고 관찰하며 계속적으로 나와 관계를 맺을 때, 친구, 알테르 에고, 또 다른 나와도 같은 방법으로 관계를 맺어나갈 수 있다.

아레스에서 아레테로 바뀌고, 강함만을 이야기하던 경쟁적인 아레테가 이제는 협업적인 아레테로 바뀌었다. 그럴 때 중요한 게 친구 관계, 공동체 안에서의 사람 관계로 나타나게 된다. 그게 결국 알테르 에고다.

2매듭 무모함과 비겁함 사이 – 아레테

이 개념은 프로이트의 심리학에서도 '또 다른 자아'로 이야기되는데, 사실 아리스토텔레스가 말했던 또 다른 자아는 아레테와 관련한 깊이 있는 성찰을 통해서 드러난다. 당신의 아레테는 무엇인가? 그리고 당신의 알테르 에고는 누구인가?

길 너머에서
보기

― 메타 ―

메타
Meta

후에, 너머 μετά

질문을 하나 하겠다. 길을 아는 것과 방법을 아는 것, 이 두 가지는 어떻게 다를까? 비슷한 것도 같고 다른 것도 같고, 확실하게 차이를 설명하기 어렵다. 그러나 '메타(meta)'라는 개념을 이해한다면 이 답을 찾기 쉬울 것이다.

요즘 '메타인지(metacognition)'란 말을 많이 사용한다. 이 단어의 뿌리어인 그리스어 메타는 전치사로도 쓰이고 부사로도 쓰이는 단어다. 전치사로 쓰이면 '~와 함께', '~와 같이' 또는 '~에 관하여'라는 의미로 사용되고, 부사로 쓰이면 '~후에', '~너머'라는 의미로 사용된다. 우리가 알고 있는 메타와 관련된 용어를 떠올려 보면 이해가 될 것이다.

형이상학이라 하는 단어 '메타피직스(metaphysics)'를 보자. 메타피직스는 '메타(meta)'와 '피직스(physics)'라는 두 개의 단어가 결합된 말이다. 물리학이라는 피직스는 본성 또는 자연이란 뜻의 그리스어 '퓌시스(physis)'에서 온 말이다. 그렇다면 메타피직스는 피직스 뒤에 있는 것, 자연 뒤에 있는 것을 의미한다.

이 단어는 아리스토텔레스의 책 《메타피직스(Metaphysics)》에서 유래했다. 이보다 앞서 아리스토텔레스는 자연과 관련된 모든 현상들에 대한 생각을 담은 《자연학(Physica)》이란 책을 남겼다.

아리스토텔레스의 책을 정리한 후대의 학자가 《자연학(Physica)》 뒤에 이 책을 배치하면서 '자연학 뒤에'라는 의미로 '메타피직스'라는 이름이 붙었다는 설도 있고, 아리스토텔레스가 자연과 물질에 대해 연구한 내용을 《자연학》에 담은 후 이를 통찰할 수 있는 지혜를 다음 책에 담았기 때문에 '피직스 너머'라는 의미로 '메타피직스'라고 했다는 설도 있다. 어찌 되었든 자연학과 관련해서 자연학 다음에 또는 자연학 너머 사용하게 되는 철학이 '메타피직스'라는 것을 알 수 있고 우리는 '형이상학'이라 번역한다.

✦ 길을 아는 것과 방법을 아는 것 ✦

메타라는 말은 '~뒤에', '~를 너머' 또는 '어깨를 나란히 하면서'라는 의미를 갖고 있다. 그럼 처음 던졌던 질문을 다시 생각해 보자. 길을 아는 것과 방법을 아는 것, 어떠한 차이가 있을까?

길은 그리스어로 '호도스(hodos)'다. 호도스라는 말은 우리에게

익숙하지 않다. 그러면 방법을 뜻하는 영어 '메소드(method)'는 어떤가? 이 말은 익숙할 것이다. 메소드는 그리스어로 '메소도스 (methodos)'에서 왔다. 메소도스는 '길'이라는 호도스에 '너머'라 는 전치사 메타가 붙어 메소도스, '방법'이 되었다.

여기서 호도스(길)과 메소도스(방법)가 차원이 다른 용어라는 것을 알 수 있다. 길이 일차원에서 생각하는 것이라면 메소도스 는 여러 길들이 있고 그중에서 자신이 취사선택해 가는 메타성이 가미된 것이다. 그래서 길을 한 차원에서만 보는 게 아니라 여러 개를 보면서 그 길 너머의 무엇인가를 생각하는 것이 길의 메타 성이다. 이 길의 메타성이 바로 방법이다.

근대철학의 아버지로 불리는 데카르트의 《방법서설(Discourse on Method)》에서 말하는 방법도 이 길의 메타성과 관련이 있다. 데카르트는 그냥 일차원적으로 길만 따지는 것이 아니라 여러 길들이 있는데 그중에서 우리가 가장 좋은 길이 무엇인지 찾도록 하는 합리주의 철학을 펼쳐나간다. 그게 '방법'인 것이다.

만약에 서울역에서 강남역을 간다고 하자. 수많은 경우의 수가 있다. 자가용인지 버스인지 지하철인지에 따라, 자가용으로 가면 어떤 길로 갈지, 버스를 탄다면 어떤 버스를 어떻게 환승하면 갈지, 지하철로 간다면 어떤 노선을 이용할지에 따라 경우의 수가 달라진다. 그뿐인가. 중간에 어디를 좀 들렀다 간다 하면 경우의 수는 계속 바뀌면서 새로운 조합이 일어난다. 이 수많은 경우의 수 중에서 자신의 목적에 맞는 것을 선택하는 것이 길의 메타성이다. 이런 의미로 볼 때 메타성이라는 것은 더 높은 차원으로 우리를 이끄는 것임을 알 수 있다.

요즘은 낯선 거리를 갈 때 가고자 하는 지점의 주소만 집어넣

* 메타성은 더 높은 차원으로 우리를 이끈다 ⓒ shutterstock

으면 내비게이션이 계속해서 안내해 준다. 내비게이션이 없었을 때는 인간이 이 길, 저 길을 따지며 생각해서 갔는데 지금은 그냥 오직 한 길이다. 어떻게 보면 내비게이션은 길에 대한 메타성을 생각하지 않게끔 우리를 이끄는 게 아닌가 하는 생각이 든다.

존 플라벨의 메타인지

메타인지는 교육학에서 아동인지발달과 관련하여 중요하게 다뤄지는 이론이다. 이 말은 1970년대에 아동인지발달 분야의 권위자인 발달 심리학자 존 플라벨(John Flavell)이 자신의 심리학 이론을 위해 '메타'에 '인지(cognition)'라는 단어를 합쳐 새로운 학술용어로 만든 것이다. 그는 두 권의 책 《인지 발달》과 《장 피아제의 발달심리학》에서 메타인지에 대해 설명한다.

그렇다면 메타인지는 과연 무엇일까? 방법이 길에 대한 메타성이라고 한다면 메타인지는 인지에 대한 메타성이다. 내가 무엇인가를 지각하고 받아들이고 개념을 만들고 하는 인지 과정에 있어서 메타성을 보는 것이다. 즉 메타인지는 '인지 과정에 대해 인지하는 능력'이라고 정의할 수 있다. 지금 내가 뭘 알고 있는지, 뭘 모르는지를 아는 것 그리고 내가 이런 행동을 할 때 어떠한 결과를 불러올지 아는 능력을 메타인지로 표현한다.

사실 내가 뭘 아는지 뭘 모르는지, 이 행동은 여기에 합당한 것인지 그른 것인지를 알기만 해도 올바른 선택을 하게 된다. 메타성이 있을 때 더 많은 경우의 수를 생각할 수 있기 때문에 좀 더 목적에 부합한 행동과 지식 체계를 선택할 수 있다.

존 플라벨의 메타인지론에 고양이와 사람을 비교하는 흥미로운 내용이 나온다. 고양이를 안고 있는 한 사람이 거울을 보고 있다. 둘은 누구를 보고 있다고 여길지 한번 생각해 보자. 사람은 메타인지가 가능해서 그 거울에 비친 모습이 하나는 내가 안고 있는 고양이이고 또 하나는 나의 모습이란 것을 안다. 반면에 고양이는 메타인지가 안 되기 때문에 거울에 비친 모습을 보고 계속 '이게 누구지? 누구지?' 한다는 것이다.

인간이 거울에 비친 모습을 보고 이게 나인지 다른 사람인지 또 다른 무엇인지를 알 수 있는 게 보통은 18개월 정도부터다. 우리나라 나이로 2살쯤 된 아기가 거울에 비친 자기의 모습을 본다. 처음에는 메타인지가 안 되어서 그 안에 누가 있는지 잘 모른다. 그저 움직이는 형체가 있으니 무엇인가 있다는 생각은 한다.

그때 엄마가 "이거는 너야. 너의 모습이 비친 거야."라고 말을 하면 '아! 나라는 존재가 이 거울에 비치는 것이구나. 저것은 나구나.'라고 알게 된다. 그리고 "이게 너야."라고 말하는 엄마라는 존재, 그 존재가 타자라는 것도 알게 된다. 이 거울 단계에서 엄마의 존재는 타자이고, 그 안에 비친 것은 '자기'라는 것을 인식하게 되는데, 이러한 인지과정 자체가 바로 메타인지다. 정신분석학자 자크 라캉(Jacques Lacan)은 타자와 구분되면서 자기라는 주체가 형성되는 이 거울 단계를 특히 중요하게 보았다.

＊ 고양이와 사람의 차이,
메타인지
ⓒ shutterstock

메타인지를 키우는 방법

존 플라벨에 따르면 메타인지는 동물과 사람을 구분하는 가장 큰 능력이다. 그렇다면 사람이라면 누구나 메타인지를 잘하는 것일까? 아쉽게도 그렇지는 않은 것 같다. 당장 내일 시험 보는데 오늘 뭘 공부해야 되는지 모르는 사람이 더 많지 않은가? 내가 뭘 모르는지 알아야 짧은 시간 안에 모르는 것을 공부할 수가 있는데 말이다.

메타인지가 잘 되지 않으면 공부만이 아니라 모든 일에 효율이 떨어진다. 그렇다면 어떻게 메타인지를 키울 수 있을까? 존 플라벨 교수는 학습행위자에 대해 네 가지 아이디어를 말한다. 자아통제력(self-control), 자아규정성(self-regulation), 자아효능성(self-efficacy), 자아직접성(self-directedness)이다.

자아를 통제할 수 있는 능력은 메타인지와 관련돼 있다. 갑자기 버럭 하고 화가 났을 때 메타인지가 되면 '내가 지금 감정적으로 격해져 있구나. 마음을 좀 안정시켜야 되겠다.' 이런 생각을 할 수 있다.

자기에게 어떠한 법칙과 규칙을 적용하면서 '나는 아침에 공부를 하면 뇌가 더 많이 활성화되는 것 같아.', '나는 다른 사람은 다 자는 밤에 무엇인가 할 때 뇌가 활성화되는 것 같아.' 이런 식으로 자신이 가진 여러 습관들을 인지하여 쌓이면 자아규정성이 된다. 이것도 메타인지다.

자기에게 어떠한 효능이 있는지를 알 수 있는 능력이 자아효능성이다. 자아효능성은 자신을 파악하고 목표를 향해 효율적으로 움직일 수 있도록 한다.

목표한 바가 있는데도 작심삼일이 되는 것도 자아직접성의 메타인지가 안 되기 때문에 나타나는 현상이다. 메타인지가 되는 사람은 나의 능력으로 볼 때 하루에 이만큼의 일을 할 수 있으니 이 일은 며칠 만에 끝낼 수 있는지 파악이 된다. 만약 시일이 촉박하다면 내가 뭘 정리하고 이 일에 열중을 해야 하는지도 안다. 의도한 목표대로 자기를 이끌 수 있는 능력을 자아직접성이라고 한다.

존 플라벨에 의하면 이러한 메타인지적인 지식 체계가 보통 12세에서 15세에 발달한다고 한다. 그래서 그 나이 때에 오직 한길만 가르쳐주는 것은 별로 바람직하지 않고, 한 차원 높은 곳에서 생각할 수 있는 능력을 많이 키워주어야 한다. 여러 다양한 길들을 고민하게 하고 거기서 자기에게 맞는 것을 선택할 수 있게 하는 것이 메타인지력을 높이는 방법이라 하겠다.

✦ 장르를 넘는 〈필 더 리듬 오브 코리아〉 ✦

인지와 관련해서만 메타성이 있는 것은 아니다. 요즘 다른 차원에서도 활발하게 메타성이 드러난 이날치 밴드와 앰비규어스 댄스팀이 함께 찍은 한국관광공사의 홍보 영상 〈필 더 리듬 오브 코리아(Feel The Rhythm of KOREA)〉 시리즈가 국내뿐 아니라 해외

* 한국관광공사의 홍보 영상 〈필 더 리듬 오브 코리아〉의 한 장면

에서도 화제다.

이 영상의 인기 비결은 무엇일까? 왜 이렇게 사람들이 좋아할까? 그것도 남녀노소, 동서양을 막론하고 좋아하는 이유는 무엇일까? 그것은 노래와 댄스에서 장르를 넘어섰기 때문이라고 생각한다. 장르를 넘었다는 의미에서 '메타장르'라 하겠다.

이날치 밴드의 음악은 장르를 독특하게 융합한다. 가사도 거의 바꾸지 않고 판소리를 그대로 썼다. 그리고 앰비규어스 댄스팀의 댄스도 우리가 기존에 볼 수 있는 댄스가 아니다. 어떻게 보면 굉장히 다양한 장르가 섞여 혼란스러울 수 있는데 리듬과 비트로 하나가 된다. 장르는 다양하지만 하나로 모아진다.

이 시리즈의 총 리더인 장영규 감독의 주 전공은 영화음악으로 그동안 100편의 영화음악을 했다. 장영규 감독이 편집하고 해체하고 자르고 하면서 가장 신경을 쓴 것이 박자라고 한다. 박자를 부각하기 위해 일반적인 기타를 빼 베이스 기타와 드럼을 넣었다고 한다.

〈필 더 오브 코리아〉는 음악도 댄스도 기존의 장르를 해체하고 재구성했다. 이는 여러 장르들에 대한 메타성, 그 장르들 너머로 무엇인가를 펼쳐 보이겠다는 생각 없이는 도저히 이룰 수 없는 것이다.

✦{ 메타인지의 확장 }✦

존 플라벨 교수는 메타인지를 인지구조에만 적용한 것이 아니라 정보처리이론까지 적용한다. 우리의 인지구조는 외부에서 데이터가 들어오면 그 데이터들이 기억에 남고 기억과정에 또 저장되고 저장된 다음에 시간이 흐르면 그 정보를 다시 전환해서 산출하는 과정으로 되어 있다. 그리고 이 모든 작업은 한 차원 높은 차원에서 이루어진다. 존 플라벨 교수는 컴퓨터 안에서 데이터베이스화하고 필요에 따라 그걸 끌어다 쓰는 것도 인간의 인지구조와 별반 다르지 않다고 생각했다.

메타성을 그리스에서만 중요하게 본 것은 아니다. 동양에도 이와 비슷하게 생각했다. '지피지기 백전불태(知彼知己 百戰不殆)'라는 말이 있다. 우리에게는 이순신 장군이 했던 '지피지기 백전백승(知彼知己 百戰百勝)'이란 말이 더 널리 알려져 있는데, 원래 손자병법 3장에는 '지피지기 백전불태'라고 되어 있다.

'적을 알고 나를 알면 100번 싸워도 위태로움이 없다'는 뜻인데, '적을 알고 나를 안다'는 말은 어떻게 보면 메타인지로 볼 수 있다. '나는 용감해. 나에게 무기가 있어.' 이런 일차원적인 것만이 아는 것이 아니라 전쟁의 여러 경우 수를 좀 더 상위 차원에서 볼 수 있는 능력이 필요하다는 메타성이 동양 역시 고대부터 계속 전해 내려오고 있었던 것이다.

젠지를 위해

1995년에서 2010년 사이에 태어난, 현재 10대 초반에서 20대 중반의 세대를 '제너레이션 Z(Generation Z)'라 해서 'Z세대' 혹은 '젠지(GEN Z)'라고 부른다. 태어나면서부터 스마트폰을 잡고 성장했기 때문에 '디지털 네이티브(Digital Native)'라고도 한다.

이 세대는 디지털 환경에 익숙하지만 한편 너무 방대한 데이터로 불안함을 느낀다. 왜 불안할까? 데이터가 너무 많다 보니까 많은 정보를 어떤 연결점을 가지고 구성을 할지 혼란스럽다.

이 세대의 부모 세대가 X세대. X세대는 냉전시대가 끝나고 탈냉전화 된 시대에 성장했기 때문에 자유와 개인을 중히 여겼던 세대다. 그래서 정체성이 발달된 세대이기도 하다. 기존 세대는 나름의 기준으로 LP와 CD를 사서 음악을 듣고 DVD를 모았다.

이런 부모 세대의 눈에는 젠지인 자녀들은 기준이 없다. 자녀들이 음악 사이트에 회원가입을 해서 로그인만 하면 마음껏 음악도 듣고 영화도 볼 수 있으니 마구잡이로 음악을 듣고 영화를 보는 것 같다. 데이터는 많고 그 속에서 무언가를 끊임없이 하는데 뭔가 자기만의 것은 없는 것처럼 보인다. 그러다 보니 자녀 세대에게 자꾸 간섭을 하는 경향도 있다.

X세대는 정보력에 있어서는 이 젠지를 따라가지 못한다. 학교에서 정보를 찾아야 하는 수업에서는 오히려 교수보다 더 많은 정보를 가져오는 학생도 있다. 그런데 그 데이터를 가지고 창의적인 것을 만들어 보라는 과제를 제시하면 어려워한다.

정보가 많다 보니 과부하가 걸린다. 방대한 정보량을 어떻게 조절해야 할지 모르는 힘겨운 상황에 직면한다. 이럴 때 정말 필요한 것이 메타인지다. 어쩌면 젠지들에게 정말 필요한 것은 메타성이 아닐까 싶다.

젠지만이 아니다. 한번 생각해 보자. 나는 메타인지가 되고 있는가를. 사실 메타인지가 안 되면 효율적으로 일 처리를 하지 못한다. 자기주장만 하고 다른 사람은 이해하지 못하여 의사소통에도 어려움을 겪을 수 있다.

정보시대에서 개념시대로

미래학자 대니얼 핑크는 "지금 세계는 정보시대에서 개념시대로 변하고 있다."라는 말을 했다. 이제 지식 근로자의 사회에서 컨셉과 공감의 사회로 발전하고 있고, 논리적, 분석적 능력 대신 창조적, 개념적, 관계적 능력이 요구된다는 것이다. 그는 이를 '하이컨셉 · 하이터치'라 명명했다.

하이컨셉은 예술적·감성적 아름다움을 창조하는 능력을 말한다. 이는 트렌드와 기회를 감지하는 능력, 훌륭한 스토리를 만들어내는 능력, 언뜻 관계가 없어 보이는 아이디어들을 결합해 뛰어난 발명품으로 만들어내는 능력이다.

하이터치는 간단하게 말하자면 공감을 이끌어내는 능력이다. 인간관계의 미묘한 감정을 이해하는 능력, 한 사람의 개성에서 다른 사람을 즐겁게 해주는 요소를 도출해내는 능력, 평범한 일상에서 목표와 의미를 이끌어내는 능력이다.

— 다니엘 핑크, 《새로운 미래가 온다》 중에서

* 정보시대에서 개념시대로 ⓒ shutterstock

누가 더 많은 정보를 가지고 있는가 하는 정보시대에서 개념시대로 넘어갈 때 정말 필요한 것이 메타성이 아닌가 싶다. 나만의 고유영역을 만들기 위해서 메타성을 잘 활용해야 한다.

메타성에 주의를 기울인다면 우리는 독창적이고 창의적인 결과물을 계속 만들게 될 것이다. 이날치 밴드와 앰비규어스 댄스 팀이 남녀노소, 동서양을 막론하고 많은 사람들을 기쁘게 할 수 있는 독창적인 무언가를 만든 것처럼 말이다.

인간의
확장

— 미디어 —

미디어
Media

중간에 자리하여 사이를 매개하는 것

정교한 장치가 아니어도 우린 이미 보철물을 몸 안에 넣고 살고 있다. 빠진 치아 대신 넣은 임플란트나 다친 무릎에 넣은 철심 등은 몸의 기능을 보완하는 보철물이다. 우리에게 필요한 보철물들은 더욱 다양해지고 더욱 정교해지고 있다.

이런 장치를 활용하는 가장 큰 이유는 무엇일까? 몸을 확장하기 위해서다. 우리 몸이 어딘가 절단이 되거나 또는 장애가 있는 경우에 사용을 하면 그 장치가 나의 몸을 확장시킨다. 보철물에 의해 몸 기능이 확장되고, 또 기능의 확장으로 우리의 감각도 확장된다.

* 보철물은 몸의 기능을 확장시킨다 © shutterstock

⭒╰ 미디어는 인간의 확장이다 ╮⭒

《미디어의 이해》라는 책을 쓴 마셜 매클루언(Marshall Mcluhan)은 미디어에 대한 정의를 몸의 확장과 관련하여 설명한다. 그는 "모든 미디어는 인간 감각의 확장이다."라고 했다. 우리는 과거부터 미디어를 사용해서 몸을 확장해 왔다. 귀가 들리지 않을 때 귀에다가 손을 대기도 하지만 종이로 말아 귀에다 댄다면 그 도구가 미디어인 것이다.

우리는 미디어를 거창하게 장치로 생각하지만 매클루언이 제시한 관점에서 보면 감각을 확장시키는 것, 그래서 그걸로 기능이 확장된다고 할 때 이 모든 것을 미디어라고 볼 수 있다.

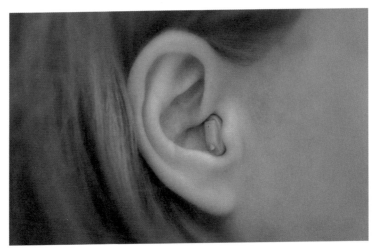

* 감각을 확장시키는 것, 그것이 미디어다 ⓒ shutterstock

우리 자신을 기술적인 형태로 확장한 것들을 보고, 사용하고, 지각하는 것은 필연적으로 그 확장물들을 받아들이는 것이 된다. 라디오를 듣거나 인쇄물을 읽는 것은 이 같은 우리 자신의 확장물들을 개인적인 체계 속에 받아들이는 것이며, 그에 자동적으로 따라오는 '폐쇄' 또는 지각의 치환을 경험하는 것이다.

– 마셜 매클루언, 《미디어의 이해》 중에서

매클루언은 인류 역사를 미디어와 관련해서 네 단계로 구분한다. 첫 번째 시대는 구전시대(口傳時代)다. 말로 커뮤니케이션하던 시대다. 구두로 커뮤니케이션할 때는 주로 청각이 발달할 수밖에 없다. 문자가 생기기 전에는 말로만 전달한 것이 아니라 몸짓

4매듭 인간의 확장 – 미디어

으로도 전달했기 때문에 시각도 발달했지만 청각의 비중이 더 큰 시대였다.

두 번째 시대는 문자시대(文字時代)다. 글씨를 쓸 수 있는 시대다. 문자를 읽어야 하니 시각이 발달한다. 또 문자를 읽어주는 것과도 관련이 있기 때문에 청각도 발달하여 시각과 청각이 복수감각으로 유지되었다. 이것도 미디어로 이해를 할 수 있다. 왜냐하면 감각이 확장되고 기능이 확장되었기 때문이다.

세 번째가 인쇄시대(印刷時代)다. 구텐베르크 덕분에 인쇄술이 발달하면서 문자를 읽고 귀로 들었던 사람들이 완전히 시각에 편중되었다. 다양한 인쇄매체가 생겨났고 그 안에 모든 정보가 들어 있어 자신이 원하는 정보를 흡족하게 받아들이는 시대가 되었다.

* 문자시대 © shutterstock

마지막으로 얘기하는 게 전기전자(電氣電子)의 시대다. 요즘 시대인 것이다. 전기매체의 발달로 저 멀리서 이루어지는 일도 우리는 아주 쉽게 정보를 알 수가 있다. 전기시대에는 하나의 감각에만 편중되는 것이 아니라 여러 감각을 쓸 수 있게 되었다. 매클루언은 이를 다중감각이 확장되는 시대라고 얘기를 한다. 이렇듯 미디어는 감각과 관련된다는 것을 알 수 있다.

✧⟩ 미디어의 정의 ⟨✧

미디어를 어떻게 정의할 수 있을까? 사전을 찾아보면 '미디어는 어떤 자극을 한쪽에서 다른 쪽으로 전달하는 물체나 수단'이라고 설명한다. 미디어의 원래 어원은 라틴어 '메디움(medium)'이다. 메디움은 '중간 또는 도구, 수단'을 의미한다. 라틴어에서 '움(-um)'으로 끝나는 말은 복수로 만들 때 '아(a)'를 붙이는데, 메디움의 복수는 '메디아(media)'가 된다. 이걸 영어로 읽으면 미디어가 되는 것이다.

그럼 한번 생각해보자. 원래 미디어의 뜻은 중간에 있는 것인데 그렇다면 무엇과 무엇 중간에 있는 것인가? 내가 있고 어떠한 대상이 있을 때 그 사이에 있는 모든 것을 미디어라 생각할 수 있다.

내가 동물의 소리를 듣고자 할 때 소리를 잘 듣기 위해서 중간에 도구를 끼우면 그게 미디어가 된다. 온라인에서 내가 하려는 어떠한 행동이 있을 때, 그 행동의 결과물과 온라인에서 하는 나의 행동의 수단이 되는 것, 이런 것도 인터넷 미디어가 될 수가 있다. 요즘에는 판매자와 소비자, 그 중간에 있는 것을 미디어라고 생각한다.

✦❀ 판매자와 소비자를 잇는 미디어 ❀✦

물건을 파는 판매자가 있고, 그걸 사는 소비자가 있을 때 그 중간에 있는 모든 걸 미디어라고 한다면 두 가지 차원에서 생각할 수 있다.

먼저 판매자의 관점에서 보면 내가 소비자에게 상품을 잘 팔기 위한 도구나 수단으로 사용하는 것이 미디어가 될 것이다. 소비자의 관점에서 보면 내가 그냥 아무렇게나 물건을 사는 것이 아니라 좀 더 좋은 물건을 사기 위해 이용하는 도구나 수단이 미디어일 것이다.

최근에는 소비자들이 미디어를 통해 다양한 제품 정보를 받기 때문에 판매자 위주로 하는 마케팅에 관심이 적어지고 있다. 미디어로 마케팅을 하더라도 이전처럼 큰 영향을 받지는 않는다. 정보를 제공하는 미디어가 많아질수록 소비자는 판매자 위주의 마케팅에 의존하지 않는다. 과거에는 판매자가 어떻게 마케팅을 하느냐가 구매욕을 자극했으나 요즘은 그렇지 않다.

2012년 미국에서 호텔 체인 선호도에 대해 조사를 한 적이 있다. 호텔에 투숙하는 사람들 중에 같은 브랜드의 호텔 체인에 다시 투숙하는 사람들이 얼마나 되는지를 알아보는 조사였다. 조사 결과 이용객 중 8%만 같은 브랜드의 호텔을 이용하는 것으로 나타났다.

예전에는 자신이 이용한 호텔의 만족도가 높으면 다른 지역에 있는 같은 브랜드의 호텔도 만족스러울 것이라 생각해 그 호텔 체인을 선택했다. 그러나 호텔에 대한 정보가 많아진 요즘에는 과거의 경험이 소비자의 선택에 큰 영향을 미치지 않았다. 소비자들은 호텔 브랜드에 대한 신뢰보다 미디어를 통해 얻은 정보를 기준으로 호텔을 선택한다.

＊ 소비자는 미디어를 통해 정보로 판단한다 ⓒ shutterstock

4매듭 인간의 확장 – 미디어

특정 브랜드를 선호하는 것을 고객충성도라고 하는데, 지금은 고객충성도가 중요한 시대가 아니다. 고객충성도만 믿고 기존 고객들에게만 홍보를 하며 또 찾아오겠지 생각하는 것은 과거의 유물이다. 고객충성도가 점점 떨어지는 것은 미디어의 영향이 크다. 그리하여 지금의 판매행위는 미디어의 발전과 함께 이전의 판매와 다른 방식으로 이루어지고 있다.

기존의 마케팅 방법이 효과가 없어지자 판매자는 소비자가 제품 정보를 어떤 루트로 얻는지 분석했다. 그리고 소비자가 '소셜 미디어'에서 정보를 얻는다는 걸 알았고, 이를 마케팅에 활용하는 방안을 고민했다.

상대 가치에서 절대 가치로

소비자 선택이론의 권위자이자 스탠퍼드 대학의 마케팅 교수인 이타마르 시몬슨은 《절대 가치》에서 현대 소비자들의 구매결정요인이 마케터들이 제시했던 '상대 가치'가 아닌 제품의 '절대 가치'로 바뀌었다고 주장한다.

지금까지는 소비자는 비교를 통해 상품이나 서비스를 선택해왔다. 이 물건을 사면 다른 물건에 비해 얼마나 싸게 살 수 있는지, 어떤 혜택을 추가로 받을 수 있는지, 과거 같은 브랜드의 상품을 샀을 때의 만족도는 어땠는지, 경쟁 브랜드와 광고 메시지가 어떻게 다른지 비교했다. 그래서 생산자가 마케팅만 잘해도 판매가 이루어졌다.

사회적 기업이란 이미지를 심는 것도 마케팅의 한 방법이었다. 이전에는 기업이 내세우는 사회적 기업이란 가치가 마케팅에 국한된 것인지 진정성이 있는 것인지 소비자가 판단하지 않고 소비를 했다면 이제 소비자는 기업의 절대 가치라 할 수 있는 진정성을 따진다. 미디어를 통해 얻을 수 있는 제품 정보와 회사 정보가 다양해지면서 달라진 변화이다.

소비자는 기업이 제시하는 상대 가치가 아닌 제품을 사용할 때 실제로 경험하는 절대 가치에 따라 구매를 결정한다.

우리가 말하는 '절대 가치'란 소비자가 제품을 사용할 때 실제로 경험하는 품질 또는 가치를 의미한다. 예를 들면 식당에서 먹어본 음식에 대한 맛, 책을 읽으면서 느낀 즐거움(또는 지루함), 면도 뒤에 느끼는 상쾌함, 헤드폰의 편안한 착용감, 카메라를 사용하면서 느끼는 가치 같은 것들이다. 절대 가치란 카메라의 스펙이나 신뢰도뿐 아니라 카메라를 직접 소유해서 사용해 보는 경험이 어떤지를 의미하는 것이다.
— 이타마르 시몬슨, 엠마뉴엘 로젠, 《절대 가치》 중에서

요즘 소비자는 다른 사람의 평가에 더 많이 귀를 기울인다. 댓글을 보고, 소비자 평가를 보고, 다른 사람의 사용 후기 등 미디어를 통해 정보를 확인 후 결정한다. 이전에는 마케팅에 영향을 받았다면 지금은 타인의 이야기에 영향을 받는다고 해서 마케팅

4매듭 인간의 확장 – 미디어

(marketing)의 M, 타인(other)의 O자를 넣어서 'M의 시대'가 아니라 'O의 시대'라 한다. 다른 소비자의 의견, 미디어 정보에 더 신경을 쓰는 시대가 됐다는 것이다.

미디어 중독

인터넷 미디어의 발달로 소비자가 마케터의 영향을 받지 않고 많은 정보를 입수하는 시대에 우리가 신경을 써야 될 것은 무엇일까? 미디어에서 절대 가치를 볼 수 있느냐 없느냐가 중요해졌다. 왜냐하면 소셜미디어 안에서 정보 공유가 된다는 것을 알게 된 판매자 측에서는 소셜미디어를 마케팅에 활용하는 전략을 세우기 때문이다.

판매자가 인스타그램, 트위터, 페이스북, 유튜브 등 여러 소셜미디어를 활용해서 제품을 홍보하는 전략으로 다가오기 때문에 소비자에게 중요해진 것은 능동적으로 평가할 수 있는 능력이다. 그렇지 않으면 수동적인 소비자가 될 수밖에 없다. 아무리 소셜미디어라 해도 내가 주체적으로, 능동적으로 평가하는 것이 아니라 수동적으로 끌려가는 상태는 위험하다. 그런 위험은 특히 '미디어 중독'에서 나타난다.

미디어 중독이라는 측면에서 영화 〈스파이더맨: 홈커밍(Spider-Man: Homecoming)〉을 해석해 볼 수 있다. 영화 속에서 피터는 평범한 학생이지만 스파이더맨 옷을 입으면 달라진다. 이 옷은 아

* 영화 〈스파이더맨: 홈커밍〉

이언맨 토니 스타크가 설계하고 제작해 준 것으로 옷을 입으면 초능력이 생겨 슈퍼히어로가 된다.

토니 스타크는 피터가 이 옷을 입을만한 사람인지 계속 저울질을 한다. 피터가 "자신은 이 슈트 없이 아무것도 아니고, 아무 일도 할 수 없다."고 하자 스타크는 "슈트가 없다고 아무 것도 아니라면 너는 더더욱 이걸 가지면 안 돼."라고 말한다.

이 슈트는 피터와 피터가 하려는 어떠한 일과 중간에 있기 때문에 미디어라고 할 수 있다. 우리의 모든 의상은 다 미디어다. 나의 감각을 확장하고 기능을 확장할 수 있기 때문이다. 이 영화는 슈트, 즉 미디어가 있어야지만 무언가를 할 수 있다는 수동적인 생각을 버리고, 슈트 없이도 할 수 있다는 마음가짐이 있어야 된다는 메시지를 준다.

중독의 네 가지 요건

중독이란 무엇일까? 학계에서는 중독을 구성하는 네 가지 조건으로 의존성, 내성, 금단현상, 반사회적 행동을 든다.

첫째, 내가 특정 사태에 기대는 의존성을 가지고 있는가. 둘째, 내성이 생겨 예전에는 이 정도면 충분했는데 점점 더 많이, 점점 더 강한 것을 원하게 되었는가. 셋째, 소유하지 않거나 먹지 않거나 갖지 않으면 초조해지고 불안에 빠지거나 손이 떨리는 등의 정신적, 신체적 금단현상이 있는가. 넷째, 원하는 것을 얻지 못했을 때 반사회적 행동을 하게 되었는가. 이 네 가지 조건으로 중독 여부를 판단한다.

영화 속 피터는 스파이더맨 슈트에 대해 너무 의존하여 항상 그 옷을 입어야 하는 상태, 그게 없으면 불안해서 어떤 행동도 하기 힘들어하는 상태, 그리고 점점 골방으로 골방으로 들어가는 상태가 된다. 어떻게 보면 이런 모습 자체가 슈트라는 미디어에 중독돼 있는 사람을 보여주는 하나의 예일 것이다.

우리는 하루 종일 게임을 하는 프로게이머를 보고 게임 중독이라 말하지 않는다. 프로게이머는 우승을 위해 게임을 분석하고, 전략을 세운다. 주체적으로 게임을 하고 있는 것이다. 이런 주체성이 없이 수동적으로 게임에 끌려가는 사람들에게는 앞에서 언급한 네 가지의 중독 현상이 나타난다.

요즘 부모들 중에서 텔레비전이나 스마트폰 등 전자기기 화면에 빠져 있는 자녀들을 보고 '우리 아이는 집중력이 강하다'라고 생각하는 경우가 있다. 그러나 이는 위험한 생각이다. 인간은 능동적인 주체로 성장해야 함에도 불구하고 어린 시절 미디어의 강한 자극에 노출되어 수동적인 존재가 되는 것을 경계해야 한다. 미디어는 다만 작동할 뿐이고 주체적으로 중간에 있는 미디어를 어떻게 활용하느냐가 중요하다.

⁋ 주체적으로 미디어 사용하기 ⁋

똑같이 게임을 하는데 어떤 사람은 중독에 빠지고, 어떤 사람은 전혀 그렇지 않다. 동일하게 미디어와 연결되어 있는데 누구는 중독 현상을 일으키고 누구는 그걸 가지고서 내 몸을 확장하고 내 감각을 확장하여서 사용한다. 이렇게 다른 이유는 무엇일까?

중독 여부는 주체성에서 온다. 미디어를 주체적으로 사용하는 것은 어떤 것일까? 이를 미디어의 '오브제화'라 하겠다. 불어로는 '오브제(objet)'이고 영어로는 '오브젝트(object)'다. 미디어를 객관적으로 움직일 수 있는 상태로 만드는 것이다.

* 마르셀 뒤샹, 〈샘〉(1917).
사진 촬영: 알프레드 스티글리츠

　마르셀 뒤샹의 〈샘〉이나 피카소의 〈황소〉가 미디어를 오브제 (objet)로 객관화 시킨 작품이다. 〈샘〉이란 작품을 보자. 변기를 가져다가 그 변기로 창의적인 작품으로 만들었다. 〈샘〉은 미디어에 수동적으로 끌리지 않고 미디어를 주체적으로 활용한 예라 하겠다. 화장실에서 흔히 쓰는 변기도 그 미디어를 내가 어떻게 활용하느냐에 따라 평범한 사물이 되기도 하고 예술 작품이 되기도 한다.

　〈황소〉는 자전거 핸들 부분, 안장 부분을 결합해 황소로 표현하였다. 초현실주의 미술에서는 예술과 무관한 물건을 본래의 용도에서 분리하여 상징적 기능의 작품으로 만든다. 말하자면 초현실주의는 우리 주위에 있는 사물들을 미디어로 사용해 작품을 만드는 것이다.

1차 세계대전 이후에 작가들 사이에서 전쟁의 비판과 함께 과거의 타성적인 작업을 그만두자는 사상이 번져간다. 기존의 문학이나 회화나 연극 등 모든 것이 고정관념에 빠져 있는데, 이것을 탈피하여 새로운 작품 활동을 하자는 운동이 벌어진다. 이것이 다다이즘과 초현실주의가 등장한 배경이다.

그들은 새로운 작품을 어떻게 만들지 고민하다 일상에서 흔히 볼 수 있는 사물에 관심을 갖게 된다. 우표나 상표, 신문, 잡지, 벽지, 천, 쇠붙이, 나뭇조각, 톱밥, 모래, 나뭇잎, 사진, 심지어 계산서나 입장권, 악보와 같은 다양한 조각들을 가져다 전혀 다른 물체끼리 조합시키고 색다른 효과를 불러일으켰다. 그들은 새로운 예술적인 바탕에 미디어를 주체적으로 활용하고 매체를 변화시키면서 예술적으로 승화시킨 것이다.

우리 주위에 있는 많은 미디어들이 단지 쓰고 버리는 것이 아니라 나의 주체성이 발휘될 때 내 몸의 확장이고 내 생각을 표현할 수 있는 장치가 될 수 있다. 미디어를 나의 확장으로 만들기 위해서 적극적으로 생각하고 고민한다면 예술로 승화시킬 수 있다. 나와 세상의 중간에 있는 미디어에 수동적으로 이끌려가는 사람이 되기보다 주체적으로 나를 확장하는 도구로 활용할 수 있는 사람이 되어야 하겠다.

당신의 변신은
무죄

– 트랜스 –

트랜스
Trans

다른 장소나 상태로 변화, 이전함

변신하면 떠오르는 영화가 있다. 자동차가 거대한 로봇으로 실감나게 변신하는 〈트랜스포머(Transformers)〉다. 주인공 샘은 아버지에게 중고차를 선물 받는데, 알고 보니 그 자동차는 외계에서 온 로봇 생명체였다. 영화는 궁극의 에너지원인 큐브를 차지해 우주를 정복하려는 악의 군단 디셉티콘에 맞선다는 내용이다.

영화 제목인 '트랜스포머(transformer)'에서 '트랜스(trans)'라는 말은 '변환'과 관련됐다. 트랜스는 그리스어 '메타'를 라틴어로 번역한 것이다. 그리스어 메타는 '~을 너머'에서 시작하여 '상위 차원에서 무언가를 본다'는 의미로 사용했는데, 이 말이 라틴어로 넘어 오면서 '변환, 변신, 전환'이란 의미가 더 강조되었다.

'트랜스폼(transform)'에 과정을 의미하는 '-ation'이라는 명사형 접미사를 붙인 '트랜스포메이션(transformation)'은 생물학에서는 곤충 등이 애벌레에서 성충으로 바뀌는 변태를 의미하고, 유전학에서는 형질의 변화를 의미한다. 물리학에서는 변환이나 전환을 트랜스포메이션이라 한다.

'트랜슬레이션(translation)'은 '번역'으로 트랜스에 옮겨짐을 의미하는 '레이션(lation)'을 합친 단어이다. '(언어가 이쪽에서) 저쪽으로 옮겨짐'이라고 해서 트랜슬레이션이 '번역'이라는 말이 된 것이다. '트랜스젠더(transgender)'는 트랜스에 성별을 의미하는 '젠더(gender)'가 합쳐져 '성별 저쪽으로'라는 의미가 되었다.

신화 속 변신 이야기

다시 트랜스폼(transform)으로 돌아가 보자. 영어의 '폼(form)'은 라틴어로 '포르마(forma)'이고, 그리스어로는 '모르페(morphe)'라고 한다. 트랜스폼은 라틴어로 '트랜스포르마티오(transformatio)'이고, 그리스어로 바꾸면 '메타모르포시스(metamorphosis)', 복수형은 '메타모르포세스(metamorphoses)'다.

'메타모르포세스'는 아주 유명한 책 이름이기도 하다. 고대 로마의 시인인 오비디우스(Ovidius)가 쓴 책이 《메타모르포세스(변신 이야기)》로 서사시 형식으로 신화를 집대성해 15권의 책에 담았다. 오비디우스는 기원전 43년에 태어나 기원후 17년까지 살았던 사람이다.

＊ 로마의 시인 오비디우스

　로마 초기에 변신이란 주제가 얼마나 중요했던지 아풀레이우스(Apuleious)도《메타모르포세스》라는 책을 썼다. 아풀레우스가 쓴《메타모르포세스》는 오비디우스의 작품과 구분하기 위해《황금당나귀》로 부른다. 책 속에 사람이 황금당나귀로 변신을 하는 내용이 나오기 때문이다. 이 작품은 인류 최초의 장편소설로 알려져 있다.

　우리가 익히 알고 있는 그리스 로마 신화는 신화학자 토마스 불핀치(Thomas Bulfinch)가 쓴《그리스 로마 신화(The Age of Fable)》를 기반으로 한다. 그리고 불핀치가 참고한 것이 오비디우스의《변신 이야기》다. 오비디우스는 방대한 신화를 재구성할 때

특이하게 변신을 주제로 삼았다.

로마제정 초기에 몸을 바꾸는 이야기, 변신 이야기가 아주 큰 흥밋거리였다고 한다. 이에 대해 오비디우스는 책 1장 도입부에 이렇게 이야기를 한다.

> 만물을 이렇듯 변신하게 한 이들이 곧 신들이시니 내 뜻을 어여쁘게 보시어 우주가 개벽할 적부터 내가 사는 이 날 이때까지의 이야기를 온전하게 풀어갈 수 있도록 힘을 빌려주소서.
> – 오비디우스, 《변신 이야기》 중에서

오비디우스는 마음먹고 모든 만물의 이야기를 처음부터 끝까지 변신이란 주제로 쓰겠다고 이야기를 한다. 그렇다면 《변신 이야기》 속에는 어떤 이야기가 있을까?

아폴론(영어로 아폴로)은 하신(河神) 페네이오스의 딸인 다프네에게 반해 쫓아다니지만 다프네는 아폴론의 구애를 거절하고 도망친다. 붙잡힐 위기에 처하자 다프네는 아버지에게 기도를 했고, 월계수로 변한다. 이것도 변신이다.

사냥의 신이자 달의 신인 아르테미스(영어로 다이애나)가 목욕을 할 때 몰래 알몸을 훔쳐본 악타이온이라는 사람이 있었다. 이 사람은 대단한 사냥꾼이었는데 사냥을 하다가 우연히 여신이 목욕하는 장면을 보게 된 것이다. 화가 난 여신의 저주를 받은 악타이온은 사슴으로 변해 버렸고, 자신의 사냥개들에게 갈기갈기 찢겨 죽는다.

* 존 윌리엄 워터하우스, 〈아폴로와 다프네(Apollo and Daphne)〉(1908)

5매듭 당신의 변신은 무죄 − 트랜스

* 티치아노 베첼리오, 〈다이애나와 악타이온(Diana and Actaeon)〉(1556~1559)

피그말리온은 상아로 어여쁜 여인을 조각한다. 자신이 만든 조각상을 너무 사랑하게 된 그는 신에게 진짜 여인으로 바뀌게 해달라고 기도를 한다. 그의 간절한 기도를 들은 사랑의 여신 아프로디테는 조각을 사람으로 바꿔준다. 이와 같이 오비디우스의 《메타모르세스》에는 다양한 변신 이야기가 등장한다.

변신의 원리

오비디우스는 온통 변신이란 주제로 신화를 쓰는데, 이 변신이 바로 트랜스폼이고 그리스어로 바꾸면 메타모르포세스다. 그런데 그가 소개하는 이야기 속에는 공통된 변신의 원리가 있다. 오비디우스는 《변신 이야기》가 거의 마무리 되는 15장에 이렇게 이야기한다.

마치 말랑말랑한 밀랍이
새로운 형상으로 만들어지면
이전 상태로 남아 있지도 않고
같은 모양을 유지하지도 않지만
그래도 똑같은 밀랍이듯이,

그와 마찬가지로 영혼도 여러 가지 형상 속으로 옮겨 다녀도
언제나 똑같다는 것이 내 가르침이오.
– 오비디우스, 《변신 이야기》 중에서

오비디우스는 계속해서 형상, 형태를 바꾸어도 가만히 있는 무엇인가가 있고, 이것을 영혼이라고 이야기한다. 다시 말해서 영혼은 그대로 있고 형상만 다양하게 변하는 것, 이게 트랜스폼이라는 것이다. 오비디우스는 인간은 영혼을 갖고 그 영혼을 중심으로 해서 자신을 변신할 수 있는 가능성 있는 존재라는 것을 깨닫

5매듭 당신의 변신은 무죄 – 트랜스

고 있었다.

우리 주위를 둘러보자. 세상은 계속 바뀌고 있다. 봄, 여름, 가을, 겨울로 계절이 바뀐다. 시작을 하면 마치는 시간이 있다. 시간은 계속해서 흘러간다. 우리 주위에서 계속 변화가 일어나고 있는데, '나는 변하지 않겠어. 나는 이대로가 좋아.'라고 하는 게 가능할까?

아무리 자기는 그대로 유지하고 싶어도 사실 우리는 시간과 함께 늙어가고 있다. 그 늙어감에 맞춰서 옷도 액세서리도 말하는 것도 바뀐다. 어떻게 보면 동일한 영혼 속에 있지만 변신하면서 세상에 적응해 가는 것이 인간의 순리라 하겠다.

오비디우스가 변신을 강조한 이유

사실 오비디우스가 이 변신에 강조점을 둔 이유가 있었다. 변신 덕분에 자신의 절망적인 상황을 극복할 수 있었기 때문이다. 그는 대역죄로 로마에서 추방된 후 고국으로 돌아가지 못했다.

로마 최고의 시인으로 인기를 누렸던 오비디우스. 그는 사람들에게 사랑하는 기술, 화장하는 기술을 알려준다. 《사랑의 기술(Ars amatoria)》, 《여인의 얼굴 화장법(Medicamina faciei femineae)》 등의 작품이 남아 있다. 그의 주변에 많은 사람들 특히 젊은 사람들이 모여 들었고 그중에 왕족도 있었다.

정치적으로 줄을 잘못 선 탓일까? 아우구스투스 황제는 그에게

* 오비디우스와 그의 대표작
《메타포르포세스(변신 이야기)》

유배형을 선고하고 흑해 연안의 토미즈, 지금의 루마니아 콘스탄
차로 추방한다. 오비디우스는 대역죄라는 누명을 쓰고 유럽의 가
장 번성한 도시였던 로마에서 흑해 연안의 아주 먼 시골로 떠나
가게 된 것이다. 이런 유배생활을 한다면 대부분의 사람이 너무
억울해 속앓이를 할 텐데, 오비디우스는 그러지 않았다.

오비디우스가 유배간 곳은 게타이족이 사는 지역이었다. 로마
에서 젊은이들에게 옷매무새에 대해 연설을 하던 오비디우스는
이곳에 오자 화려한 옷을 싹 거둬들인다. 로마 귀족의 옷 대신 게
타이족의 옷으로 바꿔 입고, 라틴어 대신 게타이족이 사용하는

5매듭 당신의 변신은 무죄 – 트랜스

* 외젠 들라크루아, 〈스키타이인들과 같이 있는 오비디우스
(Ovid among the Scythian)〉(1862)

언어를 쓰며, 그들의 말로 시를 쓰고 소통을 한다. 심지어는 전쟁이 일어났을 때 게타이족을 위해서 전쟁에 참여하기도 한다.

변신은 성공적이었다. 자기 머릿속에, 자기 습관 속에 남아 있던 로마의 삶에서 벗어나 철저하게 이곳 사람들처럼 변신했다. 냉랭하던 토미즈 사람들도 그에게 경의를 표할 정도였다.

흑해에서 사는 동안 쓴 책 《흑해에서 온 편지(Epistulae ex Ponto)》 4권에 그때의 심경을 이렇게 표현한다.

시간은 모든 것을 삼켜 파멸할 것이나, 나는 예외려니,
심지어 내 모진 삶에 삼켜진 죽음을 삼켜버릴 것이라.
― 오비디우스, 《흑해에서 온 편지》 중에서

오비디우스 《변신 이야기》는 어떻게 보면 자기 인생의 고백과 같은 이야기다. 신화를 변신의 주제로 썼다 정도가 아니라 자기가 쓴 이야기대로 상황과 여건에 맞춰 자신의 삶을 변신시켰다. 변신은 오비디우스에게 불평하거나 원망하는 대신 긍정적으로 살아가는 원동력이 됐다.

로마 시인이 왜 화장법에 대한 책을 썼을까

흔히 혼란스러운 상태에서 질서 있는 상태로 바뀌는 것을 변신이라고 한다. 혼돈이라는 말은 그리스어로 '카오스(chaos)'다. 그리고 질서는 '코스모스(cosmos)'라고 한다. 우리가 세상 혹은 우주를 코스모스라고 하는 것은 질서가 잡혀 있기 때문이다. 변신

＊ 카오스에서 코스모스로 ⓒ shutterstock

5매듭 당신의 변신은 무죄 – 트랜스

은 카오스에서 코스모스로 바뀌는 것이다. 그럴 때 혼돈에 빠져 엉켜 있던 세상이 회복된다.

그렇다면 우리가 변신하기 위해서는 어떻게 해야 될까? 오비디 우스는 카오스에서 코스모스로 회복하는 것, 혼돈에서 질서를 잡 는 것이 변신이라는 세상의 이치를 거창한 철학의 주제로 설명 하는 데 그치지 않고, 일상의 작고 사소한 일 속에서 질서를 잡는 법을 설명해 주었다. 그중 화장법도 질서를 잡는 것으로 보아 이 에 대해서도 관심을 갖고 이야기를 한다.

미용, 화장법, 성형 등을 뜻하는 영어 '코스메틱(cosmetic)'은 질서, 조화, 세상을 뜻하는 그리스어 코스모스에 뿌리를 두고 있 다. 그러니까 우리가 화장하는 것도 약간 혼란스러운 우리의 얼 굴과 머리를 질서 있고 조화롭게 만드는 작업인 것이다. 이것도 하나의 변신이라 할 수 있겠다.

오비디우스는《여인의 얼굴 화장품(Medicamina faciei femineae)》 이란 책에 화장법에 대해 아주 상세하게 기록했다. 보통은 '메디 카미나(medicamina)'는 '치료'로 번역했고, '메디슨(medicine)'은 '약, 치료제'로 번역했다. 그런데 내용을 보면 메디카미나가 치료 약이 아니라 화장품임을 짐작할 수 있다. 사실 오비디우스가 살 던 시대에는 치료약이나 화장품이나 동일한 단어를 사용했다. 《사랑의 기술》에도 이에 대한 내용이 나온다.

"당신은 분을 발라 희게 할 줄 알지요. 창백한 혈색도 화장술로 붉 게 하죠. 숱이 적은 눈썹은 기술적으로 그려 넣고요. 아무것도 바르지 않은 양쪽 볼에는 연지를 찍지요."
    - 오비디우스, 《사랑의 기술》 중에서

이 내용은 지금 말로 화장법이 아니겠는가. 이처럼 오비디우스
는 일상의 사소한 부분에서부터 질서를 만들기 위해 바로 적용할
수 있는 실천법을 알려준다.

✦⟨ BTS의 성공 비법, 트랜스미디어 ⟩✦

다시 '트랜스(trans)'라는 단어로 돌아와 보자. 트랜스와 미디어
를 합친 '트랜스미디어(transmedia)', 단어 뜻대로 한다면 '미디어
를 넘어' 또는 '미디어의 변신' 이렇게 볼 수가 있다. 사전에는 트
랜스미디어를 '동일 콘텐츠를 다양한 미디어 플랫폼으로 전환하
는 것'이라 정의한다. 즉 융합, 조합, 변형. 분화, 복제 등의 과정을
거치면서 새로운 콘텐츠가 생성되는 것을 트랜스미디어라 한다.
    요즘은 트랜스미디어의 시대다. 대표적으로 BTS를 예로 들 수
있겠다. 전 세계적으로 인정받고 있는 BTS가 유명하게 된 이유
중 하나는 그들의 노래가 다른 미디어와 결합하면서 계속해서 콘
텐츠가 재구성되고 있기 때문이다.
    BTS는 2015년 4월 〈화양연화〉 앨범을 시작으로 일명 BTS
Univers(BU)라고 해서 BTS 세계관을 이끌어 왔다. 세계관은 변
하지 않으면서 다양한 미디어를 사용해 세계관이 계속 흘러가도

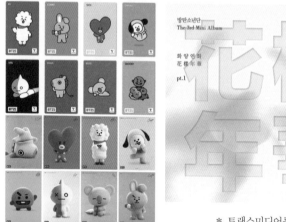

록 하는 것이다. 이것은 메타장르와는 다르다. 메타장르는 같은 미디어 안에서 장르가 넘어가는 것이라면 트랜스미디어는 아예 장르가 다른 미디어 안으로 넘어가 음악이 미술로 게임으로 변하며 장르를 넘나드는 것을 말한다.

BTS는 2017년 10월부터 라인프렌즈와 콜라보레이션을 통해 BT21이라는 캐릭터를 만들어 다양한 제품을 개발했다. 2019년 1월 17일부터 BTS의 세계관을 담은 웹툰 〈화양연화 Pt.0 SAVE ME〉를 제작해 네이버에 연재를 했다. 그리고 2019년 3월 15일부터는 앨범에 '화양연화 더 노트'라는 미니북을 동봉했다. 미니북 안에는 짧은 소설 형식의 이야기가 수록되어 있다. 이처럼 BTS는 캐릭터, 이모지, 웹툰, 소설, 다큐멘터리 등 트랜스미디어를 적극적으로 활용한다.

트랜스미디어에 있어서 중요한 한 가지가 또 있다. 바로 서사성이다. BTS는 팬들이 서사에 참여할 수 있도록 했다. BTS는 팬들이 댄스를 따라하는 영상을 만들고, 노래를 해석하고, 뮤직비디오를 분석하는 등 스스로 참여해 서사를 만들 수 있게 하였다.

꧁ 트랜스미디어 스토리텔링 ꧂

서사는 영어로는 '내레이션(narration)', 라틴어로는 '나라티오(narratio)'라고 한다. 프랑스의 문화평론가 제라르 주네트(Gérard Genette)는 《서사담론(Narrative Discourse)》이란 책에서 서사를

'실제적인 것이든 허구적인 것이든 연속적인 사건들이 연결되고 대립되고 반복되는 여러 단계들을 가리키는 것'이라 정의한다. 그러니까 여러 이야기들이 있는데 그게 서로 대립이 되든 반복이 되든 연속적인 사건들 속에서 어떠한 관계가 있는지 그 관계성을 드러내면 서사가 된다는 것이다.

제럴드 프랜스(Gerald Prince)는 《서사학(Narratology)》에서 서사는 소리, 기록, 신체언어, 영상, 몸짓, 음악 등과 같이 이야기를 전달할 수 있는 매체를 사용한다고 설명한다. 그러니까 미디어를 다양하게 사용해 서사를 나타낼 수 있다는 것이다. 그가 예를 든 게 시, 뉴스, 소설, 일기, 영화, 연극, 드라마, 역사 등이다.

보통 창작자가 노래를 만들면 그 미디어로 끝이었다. 그런데 BTS는 창작자가 노래를 만들면 사용자가 그것을 해석하고, 노래를 따라하고, 춤을 따라 추고, 영상들을 편집한 콘텐츠를 유튜브 등 SNS에 올려 계속 서사를 만들어갔다. 이 과정에서 수용자들이 새롭게 만드는 즐거움을 알게 되었다. 이게 흥미를 유발한다.

방시혁 대표는 한 매체와의 인터뷰에서 〈쩔어〉라는 노래가 칼군무가 돋보이는데 해외팬들이 뮤직비디오를 보고 리액션한 영상을 만들어 유튜브에 퍼트리면서 팬덤이 결집되었다고 밝혔다.

트랜스미디어의 수용자들이 참여할 수 있도록 한 것, 이것을 요즘에는 '트랜스미디어 스토리텔링'이라고 한다. 미디어 간 경계를 허무는 스토리와 하나의 세계관이 있어야 이걸 통해 수용자와 창작자 그리고 아티스트들이 서로 네트워크를 구축할 수 있다. 네트워크 안에서 수용자와 창작자가 주체적으로 만나 상호작용을 할 때 서사는 더 풍성해진다.

안무를 새롭게 한 영상이 사람들에게 퍼지게 되는 것처럼 서사를 창조하게 되는 것은 놀라운 변신이다. 그래서 트랜스미디어를 변신이라 할 수 있다. 변신에 힘쓸 때 사람들은 즐거움을 느낀다.

✦⟨ 변신의 시대 ⟩✦

오늘날 모든 사람이 변신에 힘쓰고 있다. 몸을 확장시켜주는 다양한 보철물이 개발되고, 스마트폰에 더 많은 정보를 담을 수 있게 되면서 놀라운 속도로 존재 자체가 새로워지고 변신하는 시대가 되었다. 이러한 변신에 앞서 우리는 정말 변신하고자 하는 열정이 있는지 생각해 볼 필요가 있다.

르네상스 시기의 대표적인 철학자 조반니 피코 델라 미란돌라(Giovanni Pico della Mirandola)는 24살 때 쓴 《인간 존엄성에 대한 연설》에서 '자율적 자기변신'을 이야기한다. 사람이 해야 될 일은 다른 것보다도 가장 중요한 게 자율적으로 변신하는 것이라 주장한다. 그는 창세기 이야기를 빌어 와 이렇게 이야기했다.

* 조반니 피코 델라 미란돌라

"아담아, 우리는 네게 어떤 자리도, 고유한 얼굴도, 특별한 선물도 주지 않았으니 네가 원하는 자리와 얼굴과 선물을 너의 판단과 결정에 따라 소유하게 함이라. 그것은 자신의 존재를 마음껏 자발적으로 바꾸고 구성할 수 있는 네가 형상을 원하는 대로 온전히 만들 수 있도록 하기 위함이라."

– 조반니 피코 델라 미란돌라, 《인간 존엄성에 대한 연설》 중에서

보통 하나님이 세상을 창조하고 아담에게 하나님의 형상으로 창조했다고 하는데 미란돌라는 나를 바꿀 수 있는 능력, 그것도 자발적으로 마음껏 바꿀 수 있는 그러한 능력을 하나님이 우리에게 주셨고 이게 바로 형상이라고 했다.

당신은 어떤 변신을 꿈꾸고 있는가? 그렇다면 우선 내가 자발적으로 바꾸고 구성할 수 있는 나의 형상이 먼저 있어야 된다. 변신을 통해서 혼돈에서 질서를 찾아가는 것, 그게 바로 회복이자 새로운 창조일 것이다.

6매듭

아름다움으로 오르는
사다리

─ 푸로마 ─

포르마
Forma

형상, 형태 μορφή

　현대는 정보화 시대다. 영어로 정보화는 '인포메이션(informa-
tion)'이라 한다. 인포메이션은 라틴어 '인포르마티오(informatio)'
에서 왔는데, 라틴어에서 '-tio'는 '~가 되는 과정', 한자로는 '화
(化)'란 의미이고, in은 '안에', forma는 '형상'이란 의미이다.

　그렇다면 인포르마는 무엇일까? 어휘로 살펴보면 안에다 형태
를 또는 형상을 집어넣는 것이다. 인포르마티오는 질료에 형상을
부여해주는 것, 질료의 형상화라 하겠다. 질료는 철학적 용어라
어려운 개념인데 쉽게 재료라고 생각하면 된다. 즉 재료에다 어
떠한 형태를 집어넣는 것이 형상화다.

　막 뭉쳐 있는 흙이 있다고 하자. 그냥 뒤죽박죽 있는 흙으로는 아
무것도 할 수 없다. 그런데 이 흙으로 형태를 잡아주면 그릇이 되

* 흙에 형태를 넣어 그릇을 만드는 것이 형상화이다 ⓒ shutterstock

고 벽돌이 된다. 이게 바로 질료에 형상을 집어넣어 주는 것이다.

고대인들은 최초의 질료를 카오스라고 생각을 했다. 태초에 우주는 여러 질료들이 뒤죽박죽 혼란스럽게 엉켜 있는 카오스 상태였다. 그 카오스에 형상을 집어넣어야 코스모스가 된다.

호메로스와 같은 시대에 활약했던 그리스 시인 헤시오도스(Hesiodos)는 신들의 계보에 대한 《신통기(Theogony)》라는 책을 썼는데, 이 책에는 대지의 신 가이아(Gaea)에서 태어난 신들이 전쟁을 벌이고 제우스가 세상의 질서를 잡게 되는 과정이 1022행의 시로 표현되어 있다. 헤시오도스는 신들이 태어난 엄마의 배는 카오스였으며 거기에 형상을 집어넣어서 코스모스가 됐다고 이야기한다. 카오스가 질서 잡힌 상태를 생성 또는 창조라 한다. 창조는 그리스어로 '게네시스(genesis)', 영어로는 '제너시스(genesis)'다.

영원히 변하지 않는 것, 형상

플라톤은 《티마이오스(Timaios)》에서 이렇게 이야기한다.

"신은 되도록 만물이 훌륭하고 그 어떤 것도 하찮지 않기를 원했으니까요. 그래서 신은 가시적인 우주가 가만히 있지 못하고, 조화롭지 못하고 혼란스럽게 움직이는 것을 발견하고는 그것을 혼란에서 질서로 옮겨놓았는데, 질서가 모든 면에서 무질서보다 더 낫다고 판단했기 때문이지요."

– 플라톤, 《티마이오스》 중에서

《티마이오스》에는 조물주로 '데미우르고스(demiourgos)'가 등장한다. 데미우르고스가 세상을 창조할 때 아무 형태도 없는 질료에서 형태를 만들었다. 그런데 질료에 질서를 집어넣는 게 아니라 형상을 집어넣는데, 본보기가 있어서 그 본을 보고 질서를 잡았다고 한다. 조각가가 조각을 할 때 무엇인가 본을 보고 만드는 것처럼 말이다.

창조주가 질서를 잡았을 때 본 것이 형상이다. 형상은 영어로 '폼(form)'이고, 라틴어 '포르마(forma)'에서 온 말이다. 질료는 영어로 '매터(matter)'이고, 라틴어 '마테리아(materia)'에서 왔다. 그리고 그리스어로 형상은 '모르페(morphe)'고 질료는 '휠레(hyle)'다.

포르마 즉 형상이란 무엇일까? 플라톤은 자신의 책 《티마이오스》에서 "언제나 존재하는 것이되 생성을 갖지 않는 것", "똑같은 방식으로 한결 같은 상태로 있는 것. 영원한 것"이라 표현한다. 항상 동일해서 바뀌지 않는 것, 그게 형상이고 포르마다. 데미우르고스가 혼돈돼 있는 재료들로 무언가 형상을 보고 세상을 만들었다고 할 때 그 형상은 영원한 것, 변하지 않는 것임을 알 수 있다.

한자로 형상은 '形相'으로 '상' 자가 '서로 상(相)' 자를 쓴다. 한자로 형상이 여러 가지가 있는데, '서로 상'을 쓰는 걸로 약속을 했다. '서로 상' 자는 '바탕 상'으로도 훈음을 다는데, 플라톤은 한 사물의 바탕이 되는 이상적인 것을 형상이라 보았기 때문이다.

이것을 아리스토텔레스는 모르페라고 했지만 그의 스승이었던 플라톤은 '이데아(ἰδέα)'라는 단어를 사용했다. 형상과 질료라는 구분을 아리스토텔레스가 많이 사용했는데 주로 모르페, 휠레라는 단어를 썼다. 모르페가 이후 라틴어로는 포르마로 번역되었는데 영원히 변하지 않는 다른 사물과 구분되는 이상적인 완벽한 모습으로 여겨졌다.

이상적 형상, 눈에 보이는 형상

하지만 플라톤도 아리스토텔레스도 변하지 않는 완벽한 상만을 형상으로 보지 않았다. 지성적인 눈으로 보는 완벽하고 이상적인 형상도 있지만 실제적으로 내 눈으로 보는 형상도 있다. 그래서 지성적 형상과 시각적 형상을 나누었다.

* 그리스 비극작가 에우리피데스

그리스 비극작가 에우리피데스(Euripidēs)의 《알케스티스
(Alcestis)》에 모르페와 관련한 구절이 있다.

당신의 신체치수가 알케스티스와 같고 외형도 그녀와 닮았습니다.
– 에우리피데스, 《알케스티스》 중에서

여기서 신체치수라는 말이 '모르페스 메트라(morphes metra)'
다. 크기를 재는 걸 '메트라(metra)'라고 한다. 만약 여기서 모르
페를 영원한 것으로 생각하면 '당신의 영원한 크기는 알케스티스
와 같다'가 되어 말이 되지 않는다. 그 뒤에 있는 '외형도 그녀와

※ 고대 로마 벽화에 그려진 알케스티스와 아드메토스

같다'라는 말로 볼 때 '눈에 보이는 신체의 크기가 알케스티스와 같다'로 보는 게 맞겠다. 그런 면에서 모르페는 지성적인 형상만이 아니라 눈에 보이는 시각적인 형상도 이야기하는 것이다.

포르마라고 할 때 형상은 두 가지 차원, 눈에 보이는 형상도 있고 지성의 눈으로 보이는 이상적인 형상도 있다. 이때 시각적인 형상을 가리키는 한자어는 '코끼리 상(象)' 자를 쓰는 '刑象'으로 구분해서 쓴다. 같은 형상으로 읽어도 지성적 형상은 '形相'이며, 시각적 형상은 '形象'이다.

✦⟮ 아리스토텔레스의 4원인론 ⟯✦

지성적 형상과 시각적 형상과 관련해 아리스토텔레스는 사물의 변화에 대해 4원인론(Four Causes)을 주장한다. 이는 운동하고 변화하는 사물의 원인을 설명하고자 하는 이론이다. 무엇을 대상으로 하는가, 무엇으로 이루어져 있는가, 어떤 목적이 있는가, 무엇이 변화를 시작하게 했는가라는 네 가지 질문에 대한 답이다.

첫 번째는 형상인(形相因)이다. 라틴어로 하면 '카우사 포르말리스(causa formalis)'라고 한다. 여기에 지성적인 형상과 시각적인 형상이 있는 것이다. 두 번째는 질료인(質料因)이다. 재료라고 볼 수 있는데 라티어로는 '카우사 마테리알리스(causa materialis)'다. 세 번째는 목적인(目的因)으로 '카우사 피날리스(causa finalis)'다. 네 번째가 작동인(作動因)으로 '카우사 에피키엔스(causa efficiens)'라고 한다.

내가 조각상을 만든다고 할 때 머릿속에 만들고자 하는 조각 작품이 있을 것이다. 다비드를 조각상으로 만들어야지 할 때 그 다비드에 대한 지성적인 형상을 머리에 떠올릴 것이다. 이게 형상인이다. 눈앞에 모델을 놓고 똑같이 만든다고 할 때는 눈에 보이는 시각적인 형상이 있어야 되는데 그것도 형상인으로 볼 수가 있다. 아리스토텔레스는 두 가지를 다 형상으로 보았다.

이 조각상을 돌에 조각할지, 나무에 조각할지 재료, 질료인이 있어야 된다. 그다음 내가 이것을 왜 만드는 걸까 생각한다. '이것을 저 신전에다 갖다 둘 거야. 어느 위치에 두니까 모습은 이렇게 만들어야 되겠지.' 하고 만드는 이유, 목적인을 갖고 있다. 그냥 가만히 두면 갑자기 뚝딱 바위가 조각상이 될까? 내가 작업을 해

* 돌로 조각할지 흙으로 빚을지 정하는 것이 질료인이다 © shutterstock

* 만드는 이유를 생각하는 것이 목적이다 ⓒ shutterstock

야 된다. 이걸 작동인이라고 한다.

로마의 철학자인 세네카(Seneca)는 아리스토텔레스의 4원인론에 대해 언급한 편지를 남겼다. 세네카는 네로 황제의 스승으로 알려져 있다. 세네카의 아버지도 이름이 세네카였는데 아버지는 수사학자로 유명한 연설가였다. 아들 세네카는 비극작가이며 사상가로 네로를 가르친 스승이었다. 이 세네카가 편지글을 남겼는데, 그《서간》65에 보면 지성적인 형상과 눈에 보이는 형상에 대한 구절이 있다.

플라톤이라면 아리스토텔레스의 네 가지 원인에 다섯 번째 원인인 본보기(exempla)를 추가했을 것인데 이것이 바로 이데아다.

− 세네카, 《서간》 65 중에서

6매듭 아름다움으로 오르는 사다리 − 포르마

세네카는 아리스토텔레스가 네 가지로만 얘기를 했는데 이 형상을 지성적인 형상과 시각적인 형상을 나누어서 지성적인 형상은 영원한 형상으로 보고, 눈앞에 보는 그 형상을 본보기 (exempla, 엑셈플라)로 보았다. 그리고 그것은 플라톤이 이야기했던 이데아랑 같은 것이라고 이야기를 한다.

정리를 하면 형상인, 질료인, 목적인, 작동인이 있고, 세네카가 주장하는 엑셈플라가 있다는 것이다. 형상인은 지성적인 형상이고, 세네카가 말한 엑셈플라는 시각적인 형상이다.

지성적인 형상과 시각적인 형상에 대해 계속 이야기를 하는 이유가 있다. 우리가 형상이라 하면 철학적인 것, 영원한 것만 자꾸 떠올리지만 그렇지 않다. 아리스토텔레스도 영원한 것만 있는 게 아니라 눈에 보이는 형상도 있다는 것을 보여준다. 세네카 같은 경우에는 실제적으로 눈에 보이는 형상이 있다고 주장한다. 플라톤도 《국가》에서 보이는 형상에 대해 이야기를 한다.

"자넨 신이 마법사여서 기만적으로 그때마다 다른 모습의 이데아 (idea)들로 나타날 수 있는 것으로, 즉 때로는 스스로 자신의 모습 (eidos)을 바꾸어 여러 모습(morphe)으로 변신을 하기도 하지만, 때로는 우리 눈을 속여서 자기에 대해서 그런 걸로 여기도록 만드는 존재로 생각하는가."

— 플라톤, 《국가》 중에서

우리는 이데아, 에이도스라 하면 영원한 것, 본질적인 것, 불변하는 것이라 생각하는데, 이 문장을 보면 이데아론을 만든 플라톤도 이데아를 우리 눈에 보이는 모습으로, 에이도스나 모르페를 모습으로 표현하고 있다는 것을 알 수 있다. 그래서 이상적인 모습을 생각할 때 본질적인 것, 초월적인 형상만을 생각하기보다 현실 속에서 최대한으로 끌어낼 수 있는 모습을 생각하는 것이 더 나을지 모르겠다.

✦⟍ 독일의 교육, 빌둥 ⟍✦

형상이란 의미의 라틴어 '포르마(forma)'에 되는 과정을 의미하는 접미사 '-tio'를 붙인 '포르마티오(formatio)'를 형상화라 번역한다. 그럼 독일어에서 이 포르마티오를 뭐라고 번역을 할까? '빌둥(bildung)'이라고 한다. 포르마에 해당되는 독일어가 '빌트(bild)'인데 빌트는 '이미지', '그림'이란 뜻이다. 거기에 과정을 말하는 '웅(-ung)'을 붙이면 빌둥이 되는데 이 말은 독일에서 '교육'이라는 의미다.

그러니까 독일 사람들이 생각하는 교육은 이미지를 심어주는 것이다. 이미지를 알 수 있도록 하는 것, 어떠한 본을 보고 그 본을 알 수 있도록 하는 것, 이게 교육이다.

독일의 철학자 가다머(Hans Georg Gadamer)는 빌둥이 교육이 된 이유를 다음과 같이 설명한다. 독일어에도 포르마의 파생어로 형성이란 의미를 가진 '포르미룽(formierung)', '포르마찌온

(formation)' 등의 단어가 있지만 라틴어 포르마 또는 포르마티오를 무엇으로 번역할지 오래도록 논란이 되었다고 한다. 말하자면 형상화라는 말을 어떻게 번역해야 가장 적절한 말일지를 가지고 계속 논란이 되었는데 최종적으로 승리를 한 단어가 빌둥이라는 것이다.

가다머는 빌둥을 단어 그대로 보면 '이미지화'라고 할 수 있는데, 교육을 이미지를 보고 그 이미지를 나에게 실현시키는 것으로 보아 빌둥이라 한 것은 놀라운 의미라 말한다. 나의 감각을 계속 자극해서 내가 본 많은 것 중에서 나의 소질에 딱 들어맞는 것을 알아채 나를 온전한 이상적인 형상으로 만들어가는 것을 교육으로 본 것이기 때문이다.

독일의 문예비평가 발터 벤야민(Walter Benjamin)은 "문맹자는 다른 사람이 아니라 빌트를 모르는 사람이다."라고 이야기했다. 빌둥, 이미지를 보는 것, 이미지를 아는 것. 이게 결국은 교육이다. 이렇게 독일에서는 형상이란 말과 교육이 연결되어 있다.

요즘은 초등학생들도 웹툰을 빠른 속도로 본다. 그만큼 이미지에 빠른 세대가 되었다. 이미지를 보는 것이 교육과 관련된다면 이미지에 익숙한 요즘 아이들에겐 어떤 교육이 필요할까?

* 발터 벤야민

플라톤이 생각한 교육

그리스어로 교육은 '파이다고기아(paidagogia)'다. 영어로는 '페다고지(pedagogy)'라고 한다. '파이다고고스(paidagogos)'는 '가르치는 사람'이다. '파이도스(paidos)'는 '아이'라는 의미, '아고고스(agogos)'는 '안내하는'이란 의미로 이 둘이 합쳐진 파이다고고스는 아이를 안내하는 자, 선생님을 뜻한다. 그러면 선생님이 하는 업무가 교육인데 포르마와 어떤 관련이 있을까?

플라톤의 《향연》을 보면 '사랑의 사다리'라는 비유가 나온다. 스승이 제자에게 해줘야 될 것은 사다리를 타고 가서 세상의 아름다움을 보여주는 것이라 말한다.

＊ 스승의 역할 ⓒ shutterstock

저 아름다움을 향하여 위로 올라가되 마치 사다리를 올라가듯이 세상의 개개의 아름다운 것들로부터 출발하여 마침 아름다움의 완성체를 알게 될 수 있습니다. 인생은 아름다움 자체를 바라봄으로서만 살만한 가치가 있습니다.

— 플라톤, 《향연》 중에서

플라톤은 현실에서 볼 수 있는 아름다움을 하나하나 찾으면 아름다움들이 모여서 공동적인 교집합이 생길 것이고, 그 교집합이 아름다움의 완성체임을 알게 되는 일이 교육이며, 이 일을 하는 사람이 교사라 하였다. 결국 파이다고고스는 아름다운 형상들을 보게 해서 그 포르마의 집합체인 이데아를 보도록 이끄는 사람이라는 것을 알 수 있다.

❧ 빌렘 플루서의 코드 이론 ☙

처음 이야기로 돌아가 보자. '정보화(informatio)'에서 시작해서 형상과 질료에 대해 살펴보고, 교육의 의미까지 살펴보았다. 그렇다면 한 가지 의문이 생긴다. 현재 정보화라는 단어 속에는 교육이란 의미가 남아 있는 것일까?

커뮤니케이션 철학자 빌렘 플루서(Vilem Flusser)는 질료의 형상화, 인포르마티오(informatio)가 교육과 의사소통이라 주장하면서 커뮤니케이션과 관련한 이론을 발전시킨다. 빌렘 플루서는 체코 유대인으로 나치 탄압을 피해 브라질로 건너가 상파울루 대학교의 커뮤니케이션 철학 담당 교수가 되었다. 그러다 1970년대에 브라질 군사정권의 탄압 때문에 프랑스로 망명해 프랑스와 독일을 오가며 연구를 계속 했는데 그의 영향으로 현대 커뮤니케이션 이론이 정립되었다.

빌렘 플루서는 문화, 예술, 철학, 역사 등을 커뮤니케이션에 통합한다. 이전에는 철학이 이 모든 것을 통합하고 보편성으로 이끌었지만 철학의 위기로 각 학문이 통합되지 못하고 있는데, 현재 이들을 통합할 수 있는 것이 커뮤니케이션이라는 것이다. 그는 커뮤니케이션을 하는 사람인 커뮤니케이터는 헝클어진 재료에 형상을 넣는 자로 오늘날의 수많은 데이터에 이상적인 질서를 부여할 수 있는 사람이 커뮤니케이터이고 실제적인 교육자라 한다.

빌렘 플루서는 형상을 하나의 코드로 생각한다. 그는 《코무니콜로기(Kommunikologie)》에 인류사의 발전을 코드의 발전으로 보는 '코드 이론 5단계'란 독자적인 이론을 발표했다. 0차원부터 4차원까지 5단계가 있는데, 4차원 단계는 직접적이고 구체적인 체험을 하는 4차원의 환경 속에서 사람들이 사는 단계다. 이 단계의 코드는 춤과 제스처와 같은 동작이다. 전하려는 내용이 있을 때 이 내용을 춤과 동작에 넣는다.

3차원 단계는 4차원에서 운동성이 빠지고 입체감만 있는 것이다. 주로 종교에서 내용을 전달할 때 쓰는 것으로 〈빌렌도르프의 비너스〉 같은 조각이 대표적이다. 조각은 숭배의 대상을 입체적으로 전달한다.

* 프랑스 라스코 동굴벽화

  2차원 단계는 마법이나 주술에 주로 나타나는 형태다. 대표적인 예가 프랑스 라스코 동굴벽화다. 벽화를 보면 2차원의 그림이지만 황소와 황소를 잡는 사람들을 그림으로 그리면서 성공적인 사냥을 기원하는 주술적인 내용을 집어넣었다. 황소 사냥을 기원하는 내용을 2차원으로 표현한 것이다.

  1차원 단계는 쐐기문자와 같은 선형문자다. 그리고 0차원 단계의 예로는 사진을 들 수 있다. 사진 이미지는 다 점으로 돼있기

때문에 0과 1로 환원될 수 있다. 그래서 빌렘 플루서는 사진을 0차원이라고 말했다.

코드를 포르마, 형상이라 생각하여 내용에 형상을 집어넣는다. 내용을 4차원 춤의 형상으로 표현할 수도 있고, 0차원 사진의 형상으로 표현할 수도 있다. 이게 인포르마, 바로 정보다. 빌렘 플루서는 내용물이 한 차원에만 머물지 않고 코드에 따라 4차원에서부터 3차원, 2차원, 1차원, 0차원까지 자유롭게 변할 수 있는데, 이것이 커뮤니케이션이라 했다.

코드를 바꿔 생각해 보자

아프리카 어느 부족은 우울증에 걸리면 다음 네 가지를 묻는다고 한다. "마지막으로 노래를 한 것이 언제입니까?" 그래도 우울증이 사라지지 않으면 또 물어본다. "마지막으로 춤을 춘 것이 언제입니까?" 그래도 우울증이 가시지 않으면 또 물어본다. "그러면 마지막으로 자신의 이야기를 한 것이 언제인가요?" 그래도 우울증이 사라지지 않으면 "마지막으로 고요히 앉아 있었던 것이 언제인가요?"라고 묻는다고 한다. 고요 속에서 무엇을 봤는지, 무엇을 상상했는지 생각하면서 우울증을 치료한 아프리카 부족의 지혜에 놀라게 된다.

이것은 빌렘 플루서의 이론으로 이야기한다면 '코드를 바꾸어 생각해 봐라'라고 할 수 있겠다. 시각적인 형상이든 지성적인 형상이든 결국 내가 지금 겪고 있는 문제를 다른 형태로 바꿔서 볼 수 있는지 생각해 보고, 그렇게 폼을 바꾸고 나의 포르마에 집중해 보자.

정보화란 형상을 질료에 넣는 것, 형상은 눈으로 보거나 머리로 본 것이다. 그 본 것을 형성해 주고, 본 것을 안내해 주는 것이 교육이다. 우리는 지금 어떤 코드로 내게 일어난 사건을 보고 있을까? 혹시 코드를 바꾸면 다른 의미가 있지는 않을까?

질투는
나의 힘

- 마매시스 -

미메시스
Mimesis

인간, 신, 사물을 모방하는 것 μίμησις

AFP통신 사진기자 브렌던 스미알로브스키가 찍은 사진 한 장이 인터넷을 떠들썩하게 했다. 조 바이든 미국 대통령 취임식에 참석한 버니 샌더스 상원의원의 사진이다. 취임식이라 다들 정장을 차려입고 왔는데 샌더스 의원만 등산복을 입고 손뜨개 장갑까지 끼고 왔다. 샌더스 의원은 민주당 대통령 후보 경선에서 바이든과 경쟁을 했던 인물이다.

독특한 복장에 약간 불만스러운 표정으로 취임식에 앉아 있는 샌더스 의원의 모습은 다양한 합성사진으로 만들어져 온라인에 퍼졌다. 마블히어로 데드풀 옆에 합성한 사진도 올라왔고, 우리나라 가수 싸이의 〈강남스타일〉 뮤직비디오의 장면에 합성된 사진도 올라왔다. 일명 '샌더스밈'이다.

* 싸이의 〈강남 스타일〉에 합성한 샌더스밈

인터넷에서 이미지, 동영상, 유행어의 형태로 급속도로 확산되는 것을 '밈(meme)'이라고 한다. 샌더스밈이 계속해서 화제가 되자 미국 언론들도 앞다투어 이를 소개했다.

한 언론사에서 원본 사진을 찍은 브렌던 스미알로브스키에게 샌더스밈 현상을 어떻게 보느냐고 질문했다. 이에 브렌던은 이렇게 대답했다고 한다.

"사람들의 창의성을 보는 것, 그것이 즐거운 일이죠."

브렌던은 재치있게 밈과 창의성을 연결시켰다.

미메시스에 대한 사유의 변화

영어 '밈(meme)'은 그리스어 '미메마(mimema)', '모방된 것' 또는 '따라한 것'이란 단어에서 왔다. 연극의 한 종류인 '마임 (mime)'은 '미모스(mimos)'라는 그리스어에서 왔는데, 미모스는 '모방, 흉내'라는 뜻이다. 그리고 흉내 낸 것, 모방한 것이 미메마다. 모방하는 행위 자체만을 그리스어로 말할 때 '미메시스 (mimesis)'라고 한다. 'mime'가 붙은 단어는 무엇인가 모방하고 흉내 내는 일과 관련된 것을 알 수 있다.

미메시스(모방)는 철학자, 문학가들에게 중요한 개념이다. 특히 플라톤은 《국가》 3권과 10권에서 모방에 대해 본격적으로 이야기를 한다. 아리스토텔레스도 《시학》에서 모방에 대해 길게 언급을 한다.

모방을 긍정적으로 봐야 될지 부정적으로 봐야 될지에 대해 논란이 계속 되었다. 이에 에리히 아우어바흐(Erich Auerbach)는 미메시스에 대한 생각이 시대에 따라 어떻게 달라졌는지 《미메시스》라는 책에 정리를 했다.

플라톤은 장인이 무언가를 제작할 때, 비극 배우가 연기를 할 때, 피리 연주자가 연주를 할 때 모방을 한다고 했다. 그의 제자였던 아리스토텔레스는 플라톤보다 미메시스에 대해 긍정적인 평가를 했다. 예를 들면 음악이나 무용 등의 모방은 예술을 위한 하나의 재현이라는 것이다.

아리스토텔레스는 사람들이 비극을 관람할 때 주인공의 비극적인 상황에 감정이입을 하기 때문에 카타르시스, 정화가 일어난다고 했다. 거기에 작용하는 것이 이 미메시스, 모방이다. 사람들은 주인공의 행동과 상황을 모방하기 때문에 카타르시스가 일어난다는 것이다. 다시 말해 아리스토텔레스는 인간은 본능 차원에서 모방 행위를 한다고 보았다.

로마 제정기에 가면 세네카는 "모든 예술은 자연의 모방이다(Omnis ars naturae imitatio est)."라고 말했다. 세네카는 모방이란 의미로 '이미타티오(imitatio)'란 단어를 사용한다. 미메시스가 라틴어로 이미타티오이고, 영어로 '이미테이션(imitation)'이다. 세네카는 인간의 모든 예술 자체가 자연을 모방한 것이라면서 창조적 모방에 대한 이야기를 한다.

하늘의 달을 보고 조선시대에 달항아리를 만들었다고 할 때 눈에 보이는 자연의 달하고 내가 작품으로 만든 달하고는 분명히 다르다. 모방을 했다 하더라도 창조적인 모방인 것이다. 이 자연을 모방하는 것에 대해서 세네카는 아주 높은 평가를 한다.

19세기 이후에는 모방을 표현으로 보았다. 19세기는 리얼리즘 사조가 팽배했던 시대로 예술에 사회상, 현실의 문제를 총체적으로 모방해 표현하는 것을 긍정적으로 생각했다.

에리히 아우어바흐에 따르면 플라톤은 미메시스를 '모방인데 약간 부끄러운 행위'라 생각했고, 아리스토텔레스는 미메시스를 재현으로 보면서 인간의 본능이 모방이기 때문에 드러내고자 하는 것을 예술작품으로 표현하는 것은 자연스러운 것이라 생각했다. 19세기 이후로는 사실주의의 영향으로 미메시스가 '사회를

* 달을 모방한 달항아리 ⓒ shutterstock

드러내는 표현'으로 보았다.

미메시스라는 용어를 모방으로 보든, 재현으로 보든, 표현으로 보든 하나의 고정된 의미로 해석하는 것 자체가 어렵다는 것을 알 수 있다. 모방은 긍정적인가? 부정적인가? 여전히 찬반양론이 있을 것 같다.

미술을 공부하는 학생들은 아그립파 석고상을 두고 데생 연습을 한다. 아마 모방을 가장 많이 하는 대표적인 예가 아닐까 싶다. 그런데 만약에 이것이 나쁘다면 버려야 할 것이다. 그러나 많은 사람들이 데생 연습을 기초를 다지는 데 반드시 필요한 것으로 생각해 모방을 한다. 그런 의미에서 본다면 모방은 우리의 예술 실력을 쌓기 위해서 해야 될 일로 볼 수 있겠다.

유사성을 포착하는 능력

미메시스에 대한 이러한 논쟁은 예술에만 국한된 것이 아니다. 지금은 기술과 예술의 문제를 넘어 문학, 철학, 교육학, 뇌과학, 심리학 등 온갖 분야에서 이야기되고 있다. 현재 뇌과학은 인간의 시냅스 속에 거울 뉴런이라는 것이 있어서 그걸로 모방 체계가 인간에게 본능적으로 있다는 사실을 밝혀냈다. 그리고 유인원 중에 이러한 거울 뉴런이 있는 종이 있다는 것이 발견됐다.

가만 보면 모방을 한다는 것은 저 사람의 행동의 유사성을 포착해서 흉내 내는 것이다. 그래서 철학적으로는 유사성을 끌어내는 능력이 인간에게 있는 것인가, 그 유사성은 동일성과 어떤 관련이 있는가 등의 사유와 얽혀 있다.

고대의 개념이었던 미메시스 연구에 불을 지핀 대표적인 학자가 독일의 사상가 발터 벤야민(Walter Benjamin)이다. 발터 벤야민은 아이들이 부모의 표정이나 말을 흉내 내는 데 그치지 않고, 물레방아라든가 기차라든가 사물도 모방하는 걸 보게 된다. 그래서 사물까지도 모방하는 이 능력, 이게 바로 유사성을 포착하는 아이들의 능력이라 보았다.

어른들은 유사성을 포착하지 못하지만 아이들에겐 그러한 능력이 있다. 또 아이들은 머리로는 알지 못하지만 비지각적인 유사성을 끌어내기도 하는데, 의성어, 의태어를 통해서 나타나는 모방 행동이 그 대표적 예다.

거북이가 천천히 걸어가는 모습을 아이들은 '엉금엉금'이라고 그 행동을 말로 표현한다. 기차가 갈 때 '칙칙폭폭'이라고 하거나 말이 울 때 '히잉'이라고 의성어로 표현하는 것은 지각하진 않지만 유사성을 포착하는 능력이 아이들에게 뛰어나기 때문이다.

발터 벤야민은 구석기 사람들이 사냥하기 전에 그림을 그리고 뭔가를 빌고 제사를 지내고 사냥을 나가는 것도 일종의 모방으로 보았다. 그림 속에 사냥하려는 짐승과 사냥을 하는 모습을 그리면 사냥이 성공할 거라는 마법적인 믿음이 그 모방 속에 담겨 있다.

발터 벤야민은 프루스트의 《잃어버린 시간을 찾아서》를 모방 이론으로 분석했다. 그는 《잃어버린 시간을 찾아서》에서 미메시스의 핵심적인 예들을 찾았다. 프루스트는 자기의 어린 시절을 추억할 때 침대에 누워서 몸이 어디에 부딪치느냐에 따라 그 부분과 관련된 과거의 추억을 떠올린다. 또 차를 마시다가 차향을 맡으면서 옛날에 할머니가 줬던 차를 기억하고, 과자를 먹으면서 과자와 관련된 할머니의 추억을 떠올린다. 발터 벤야민은 이것을 신체에 대한 미메시스라고 했다.

또 하나의 미메시스는 사회에 대한 모방이다. 《잃어버린 시간을 찾아서》는 프랑스 혁명이 일어나 귀족이 몰락하고 신흥 부르주아지가 막 생기는 시대가 배경이다. 책 속에는 사람들이 살롱에서 모여서 귀족은 신흥 부르주아지를 흉내 내고, 신흥 부르주아지는 귀족의 취향을 흉내 내는 모습이 그려지는데, 프루스트는 귀족과 신흥 부르주아지가 서로 자신들의 부족한 것을 연결하기 위해서 결혼을 하는 걸 속물주의라고 했다.

* 프랑스 혁명

발터 벤야민은 귀족이 신흥 부르주아지를 모방하고, 신흥 부르주아지가 귀족을 모방하는 것을 사회에 대한 미메시스라고 보았다. 이처럼 모방이라는 것은 타인을 향해 있다는 것을 알 수 있다.

⚜️ 르네 지라르의 모방욕망 ⚜️

오늘날과 같은 경쟁시대에 우리가 모방한다고 하면 우리는 무엇을 모방할까? 우리는 타인의 무엇을 모방하는 것일까? 바로 욕망을 모방한다. 미메시스를 욕망과 관련해서, 다른 사람이 되고자 하는 욕망을 '모방욕망'이라고 이름 붙인 사람이 있다. 프랑스의 평론가이자 철학자이며 역사학자였던 르네 지라르(Rene Girard)다.

르네 지라르는 평생을 '인간의 욕망과 폭력'을 연구했다. 1961년 발표한 첫 책 《낭만적 거짓과 소설적 진실》에서 '욕망의 삼각형 이론'으로 소설 속 인물을 분석하면서 문학평론가로 이름을 알렸다. 욕망의 삼각형 이론은 인간은 타자의 욕망을 모방한 모방욕망을 갖는다는 것으로 주체와 타자, 욕망의 대상 등 세 요소의 관계를 설명한 이론이다. 즉 인간의 욕망은 자연발생적인 것이 아니라 타인의 영향을 받아 생기는 모방욕망으로 타인의 욕망을 모방하면서 그 욕망이 해소되길 원한다는 것이다.

가만 생각해 보면 우리가 욕망하는 것은 모방하는 자의 성공과 행복이다. 그냥 그 사람을 따라 하는 게 아니라 모방하려는 사람

* 철학자이자 역사학자였던 르네 지라르

의 성공과 행복을 내가 욕망하는 것이다. 그런데 모방을 하면서
도 하나의 감정이 있게 된다. 시기와 질투심이다.

르네 지라르는 모방욕망에는 양가적 감정이 있다고 강조한다.
모방을 하려는 사람에 대한 존경하는 감정, 좋아하는 감정도 있
지만 또 한편에는 그 사람에 대한 시기심과 질투심도 있다.

모방하고 싶은 대상은 존경의 대상이고, 경탄의 대상이다. 저
사람처럼 되고 싶다. 그런데 그 대상이 나의 분노의 대상이 되기
도 한다. 상대는 이상적인 모습으로 내가 정말 본받기를 원하는
욕망의 대상인데, 지금 자신을 현실적으로 보면 절대로 그 사람
하고 동일화할 수 없는 모습이다. 이 사이에 아주 큰 괴리감이 생
기게 된다. 그럴 때 존경하고 경탄했던 감정이 분노와 증오의 감
정으로 바뀌게 된다. 이것이 모방의 양가적 감정이다.

모방욕망은 전염이 된다. 다른 사람이 어느 한 사람을 향해서 모방욕망을 가지면 덩달아 모방하고 싶어지고 그러다 집단적으로 모방하고 좋아하게 된다. 르네 지라르는 이것을 '모방전염'이라고 했다. 나는 저 연예인이 별로였는데 많은 사람이 환호하고 좋아하면 덩달아 그 사람을 좋아하게 되기도 하는데 모방욕망이 내게도 전염이 된 것이다. 이게 모방전염이다.

그런데 이렇게 모방하고자 하는 관계가 과열되면 어느 시점에서 모방욕망이 사라진다. 이제 목표는 더 이상 모방이 아니라 내가 모방했던 그 대상을 흉보고 넘어뜨리려는 폭력으로 바뀌게 된다. 르네 지라르는 모방욕망이 모방전염이 되고 더 이상 모방욕망이 아니라 그 사람을 넘어뜨리고 흠집 내려는 폭력으로 변하는 과정을 하나하나 짚어간다.

그는 《폭력과 성스러움》에서 모방하려고 했던 사람이 '나도 저 사람처럼 될 수 있어'라는 경쟁자로 바뀌게 되고, 경쟁자로 바뀌면 그 사람을 눌러버리려고 하는 것을 '짝패의 위기'라 하였다. 그는 모든 폭력은 여기서 연원한다고 보았다.

아우구스티누스의 《고백록》에 모방욕망과 관련된 내용이 있다. 말 못하는 유아가 어머니의 젖을 충분히 먹고 난 뒤에도 다른 아기가 자신의 엄마의 젖을 먹으려고 하면 파랗게 질려 못 먹게 하는 장면이 묘사된다.

이것이 유아의 모방감정이다. 나는 배가 불러도 다른 애가 먹으면 나도 먹고 싶어 하는 모방감정이 생긴다. 그러다가 시기, 질투의 감정이 생기고 그 아이를 끌어내리려고 하는 본능이 인간에게

* 산드로 보티첼리, 〈성 아우구스티누스(St. Augustine)〉(1480)

나타나는 것을 잘 보여주는 예라 하겠다.

모방감정과 시기, 질투는 유아만의 감정은 아니다. 우리도 열심히 누구를 흉내 낸다. 요즘 문화가 그런 사람들을 굉장히 띄워주면서 흉내 내도록 한다. 그러다가 그 사람의 흠집 하나만 발견이 되면 갑자기 돌변해 흉을 보는 것에 쾌감을 느끼는 시대에 우리가 살고 있는 것 같다.

모방의 긍정성

미메시스가 이런 부정적인 면만 있는 것일까? 미메시스에 대해 논쟁이 계속 된다고 하는 것은 부정적인 면이나 긍정적인 면 중 어느 하나가 우위에 있는 것이 아니라 그 두 가지가 경우에 따라 계속해서 영향을 미치는 것이라고 볼 수 있다.

이 미메시스라는 말이 긍정적인 시대가 있었다. '이미타티오 크리스티(Imitatio Christi)'라는 말을 살펴보자. 이미타티오는 미메시스를 라틴어로 옮긴 것이고, 크리스티는 그리스도를 말한다. 그러니까 '그리스도를 모방하여', '그리스도를 본받아'라는 뜻이다. 이것은 가톨릭의 대표적인 신앙서적의 제목으로 종교 사상가 토마스 아 켐피스(Thomas a Kempis)가 1418년서부터 1427년경에 썼던 책이다.

여기에서 이미타티오, 미메시스는 결코 부정적이지 않다. 긍정적인 모방의 그 끝점으로 자신이 숭배하고 신앙하는 대상을 올려

* 토마스 아 켐피스와 책《Imitatio Christi(그리스도를 본받아)》

놓았다. 이런 의미에서 미메시스가 부정적인 의미는 아니라는 것을 알 수 있다. 보통 우리가 이 말을 한국어로 번역할 때 '그리스도를 본받아'라고 번역을 한다. '그리스도의 모방', '그리스도의 재현' 이런 식으로 번역하는 것이 아니라 '본받아'라고 번역하며 '본'이라는 의미로 쓴다.

플라톤의《국가》3권에서 이러한 표현이 있다.

> "그러니까 내가 말하려 했던 것은 바로 이런 것이었네. 즉 우리가 시인들로 하여금 모방함으로써만 우리한테 이야기를 해주도록 할 것인지, 아니면 일부는 모방하되 일부는 모방하지 않도록 함으로써 해주도록 할 것인지. 아니면 전혀 모방을 못하게 할 것인지에 대해서 합의를 보아야만 된다는 것이었네."
>
> ― 플라톤,《국가》3권 중에서

플라톤은 모방을 하지 말라, 모방을 해라, 이러한 이야기가 아니라 모방을 하면 어떠한 일이 벌어지고, 또 일부는 모방하고 일부는 모방하지 않을 때 어떠한 일이 벌어지고, 전혀 모방을 못 하게 할 때는 어떤 일이 있을지를 생각해 보자고 한다. 이를 보면 플라톤이 미메시스를 무조건 부정적으로만 본 것은 아니고 열려 있는 마음으로 모방을 어떻게 봐야 될지를 고민했음을 알 수 있다.

미메시스를 긍정적으로 보는 또 다른 문헌은 18세기에 볼테르 (Voltaire)가 쓴 《불온한 철학사전》이라는 책이다. 책에 르네상스 당시의 예술가 미켈란젤로와 라파엘로가 등장한다. 미켈란젤로가 선배고 라파엘로가 후배인데 두 사람의 관계에 약간의 시기와 질투가 있었다. 앞서 이야기한 르네 지라르의 용어로 본다면 짝패 관계였다. 볼테르는 두 사람의 관계는 시기와 질투, 경쟁이 있었지만 긍정적인 관계였다고 밝힌다.

미켈란젤로는 라파엘로에게 다음과 같이 말할 수 있었다. "시기심 덕분에 당신은 나보다 더욱 열심히 기량을 연마할 수 있었소. 당신은 나를 결코 헐뜯은 적이 없고 음해하지도 않았소. 당신은 정직한 시기심을 가졌소. 우리 좋은 친구가 됩시다."
– 볼테르, 《불온한 철학사전》 중에서

아마 이전에 미켈란젤로가 썼던 글을 볼테르가 취합하면서 썼던 내용인 것 같다. 미켈란젤로는 1508년 교황 율리우스 2세의 명을 받아 시스티나 성당 천장에 〈천지창조〉를 그린다. 그리고

* 미켈란젤로의 〈천지창조〉

* 미켈란젤로와 라파엘로

1533년에는 교황 클레멘스 7세의 명으로 시스티나 성당 제단 벽에 〈최후의 심판〉을 그린다. 그런데 〈천지창조〉과 〈최후의 심판〉의 내용에 대해 많은 화가들이 비난을 한다. 특히 몸에 장애가 있는 사람이 천국에 있는 그림에 대해 굉장히 헐뜯었다.

하지만 라파엘로만이 한 번도 미켈란젤로에 대해 헐뜯은 적이 없었다. 이를 알고 미켈란젤로는 '당신은 나에 대해서 적개심이 있는 것이 아니라 시기심, 경쟁심만 있습니다. 그러나 그것이 오히려 당신의 기량을 더욱 크게 연마할 수 있도록 만들었고, 그렇기 때문에 우리는 좋은 친구가 됩시다.'라고 이야기를 했다 한다.

미켈란젤로에 대한 질투심이 없었다면 라파엘로는 아마 위대한 화가가 되지 못했을 것이다. 그래서 볼테르가《불온한 철학사전》의 시기심 항목에서 명언을 남긴다.

> 시기심이 없을 경우 기예는 큰 발전을 이루지 못할 것이다.
> – 볼테르, 《불온한 철학사전》 중에서

여기서 기예는 앞에서 이야기했던 테크네, 아르스라 하겠다. 볼테르는 라파엘로가 미켈란젤로를 모방하려는 것에는 시기심은 있지만 그 시기심이 상대를 헐뜯고 끌어내리고 하는 것이 아니라 결국은 자신이 생각하는 예술의 본을 향하여 나아가는, 예술성을 향하여 나아가는 그러한 모방이었기 때문에 굉장히 훌륭하고 아름답다고 표현한다.

❧ 미메시스는 본받기 ❧

우리가 미메시스를 한국말로 어떻게 번역하는 것이 좋을까? 모방으로 많이 번역하는데 이 단어에는 부정적인 어감이 깔려 있다. 어떤 분은 '흉내 내기'라 번역하는데 한참 흉내를 내다가 이 모방감정이 짝패감정으로 바뀌고 나중에는 그 사람을 끌어내고자 할 때는 흉보기로 바뀐다. 흉내 내기에는 흉보기로 바뀌는 부정적인 감정이 담겨 있다.

그래서 이미타티오 크리스티를 '그리스도를 본받아'로 번역하듯이 미메시스를 '본받기'로 번역하면 어떨까? 어떻게 보면 예술가로서 저 사람을 모방한다는 것은 흉내 내기가 아니라 그 사람이 갖고 있는 예술적인 본을 따라하는 것이다. 라파엘로가 직접 미켈란젤로를 따라 하지 않고, 미켈란젤로가 갖고 있던 예술적인 형상 또는 예술적인 본을 따라 한 것처럼 말이다. 이렇게 생각하면 본받기로 번역하는 것이 미메시스라는 말을 긍정적으로 받아들일 수 있지 않을까 싶다.

우리는 지금 누구를 본받고자 하는가? 과열된 경쟁으로 다른 사람에 대해서 좋은 본에 대한 이야기보다는 항상 헐뜯고 나쁜 이야기를 많이 하고 있지는 않는가? 흉보기 위한 모방만 열심히 하는 것은 아닐까? '그리스도를 본받아'라는 말처럼 우리가 어떠한 본이 되는 걸 모방하려 한다면 경쟁만 부추기는 걸로 끝나지 않고 그 뒤에 있는 예술적인 형상에까지 도달해야 한다.

요즘은 위인전기가 잘 안 팔린다고 한다. 본받을 만한 사람이 없다는 건 어떻게 보면 참 서글픈 현실이다. 우리 주위에 있는 사람들 중에 정말 나의 본이 되는 분을 찾아 저 사람이 갖고 있는 그 귀한 본을 본받겠다는 자세로 살아가면 어떨까? 본받을 사람이 없다면 대자연을 바라보면서 그것을 나의 본으로 삼자. 세네카는 예술은 자연의 모방이라 하지 않았던가.

말할 수 없는
욕구

— 인판티아 —

인판티아
Infantia

유아기 또는 언어가 없는 시기

유아기에 많은 것을 경험해야 한다고 강조한다. 고대 로마 시대에도 유아기의 중요함을 알았는지 이와 관련된 시가 남아 있다. 이 시를 남긴 사람은 유베날리스(Decimus Junius Juvenalis)이다. 유베날리스는 1세기에서 2세기 초반에 활동했던 시인으로 주로 당시 사회를 풍자한 시를 썼는데, 그의 시는 《풍자시(Saturae)》란 이름으로 5권으로 나뉘어 현존한다. 그의 이름은 생소해도 그가 남긴 말은 워낙 유명해 누구나 들어봤을 것이다.

"건강한 신체, 건강한 정신(Mans sana in corpore sano)."

이 유베날리스가 지은 시 중에 유아기 경험과 관련된 시가 있다.

* 아벤티누스 언덕

유아기에 우리가 사비네의 올리브로 젖을 먹고 아벤티누스 언덕
의 공기를 마신 것이 아무것도 아니란 말인가.
– 유베날리스, 《풍자시》 중에서

사비네는 이탈리아의 로마를 말하고, 아벤티누스 언덕은 로마
의 일곱 개 언덕 중 하나다. 거기에서 올리브 열매를 먹고 그 공
기를 마신 것, 유아기 때 경험이지만 아주 큰 경험이라는 것이다.
기억도 잘 못하고 말도 못하는 유아기의 경험이 왜 중요할까?

유아기, 말하기가 없는 시기

유아기는 영어로 '인펀시(infancy)'라 하는데, 이 인펀시는 라틴

어 '인판티아(infantia)'에서 왔다. 여기서 '인(in)'은 '~가 없는'이
라는 부정의 의미로, 인판티아는 '판티아가 없는'이라는 의미다.

그러면 판티아가 무엇인가? 판티아는 라틴어 '포르(for)'라는
동사에서 왔다. 포르는 '말하다'라는 뜻으로 포르의 현재분사형이
'판스(fans)'고, 판스의 명사형이 '판티아(fantia)', '말하기'다. 즉
라틴어에서 '말하기가 없는, 언어가 없는 시기'가 유아기다.

키케로는 《연설가에 관하여》에서 유아기를 다음과 같이 설명
한다.

유아기(infantia)는 알고 있는 것도 말로 표현할 수 없다.
— 키케로, 《연설가에 관하여》 중에서

알고는 있지만 말로 표현할 수 없는 존재가 유아기라고 키케로

는 보았다. 아우구스티누스도 《고백록》에 '말할 줄 모른'이란 말로 유아를 표현하고 있다. 고대 로마에서는 유아기를 언어와 연관해서 생각했다는 것을 알 수 있다.

✦ 외계 생명체와 소통을 하려면 ✦

언어에 대해 생각해 볼 만한 영화가 있다. 드니 빌뇌브 감독의 영화 〈어라이벌(Arrival)〉인데 우리나라에서는 〈컨택트〉라는 제목으로 개봉했다. 이 영화는 테드 창이 쓴 소설 《네 인생의 이야기》가 원작이다. 낯선 우주 생명체가 지구에 나타난 대부분의 영화에서 외계 생명체가 지구에 도착하면 인간과 전쟁을 벌이는데, 이 영화에서는 서로 어떻게 소통할지를 고민한다.

외계 생명체와는 말도 다르고 문자도 다르고 모든 게 다 다르기 때문에 의사소통 자체가 안 된다. 소통이 불가능한 위기의 순간 이 영화에서 외계 생명체에 대한 인간의 대응은 두 가지로 나눠진다. 무조건 공격하자는 부류와 어떻게든 접속을 해서 소통을 해야 한다는 부류가 그것이다. 외계 생명체와 언어 체계가 완전히 달라 소통 자체가 불가능해 보였지만 종국에는 그 언어가 무엇인지 파헤쳐 소통에 성공한다는 내용이다.

이 외계 생명체의 언어는 '물을 뒤집어 쓴 개가 몸을 흔들어 털가죽에서 물을 떨쳐내는 소리를 연상시킨다'고 표현한다. 외계 생명체는 인간과는 다른 후두조직을 갖고 있을 것이다. 발성 주파수대도 인간이 쓰는 가청 주파수대와 분명히 다를 것이다. 그래서 주파수가 맞지 않은 라디오에서 나는 소리 같은 말을 하는 것으로 그리고 있다. 음소 구분이 안 되니 무슨 뜻인지 파악할 시도조차 할 수가 없다.

외계 생명체가 왔는데 전혀 알아듣지 못할 말을 한다면 어떻게 의사소통을 해야 될까? 이때 필요한 것은 말이 아니라 문자다. 물론 문자를 못 쓰는 그러한 문명도 있지만 다행히 영화에서는 외계 생명체가 글자를 아는 종족으로 그려진다. 먼저 인간이 유리판에 글자를 써서 낯선 생명체에게 보여준다. 그것을 보고 외계 생명체도 유리판에다 글씨를 쓴다.

외계 생명체는 회전하는 불꽃처럼 글씨를 쓰는데 마치 불이 갈라지는 형상과 같은 것이 나타난다. 불이 붙은 것처럼 활활 타는 둥근 글자다. 이 문자를 도대체 어떻게 해독을 해야 할지 인간은 고민에 빠진다.

이 영화의 주인공인 언어학자 루이즈는 그 외계어를 계속 연구하다가 결국 원리를 터득하게 된다. 그런데 '아! 이 외계 생명체의 문자구조는 이렇구나' 깨닫는 순간, 주인공에게 이상한 일이 생긴다. 아직 태어나지 않은, 미래의 딸과 대화를 할 수 있게 된다.

외계 생명체식으로 사고구조가 바뀌니 미래의 모습이 보인다니 무슨 이야기일까? 지구인이 쓰는 언어는 과거, 현재, 미래의 순서로 구조가 돼있는데 외계인들은 그렇지 않았다. 그들은 시간적 순서에 얽매이지 않고 모든 것을 한꺼번에 인식한다. 그래서 일렬로 쓸 수도 없고 둥근 것 안에서 갈라지는 것처럼 쓸 수밖에

8매듭 말할 수 없는 욕구 – 인판티아

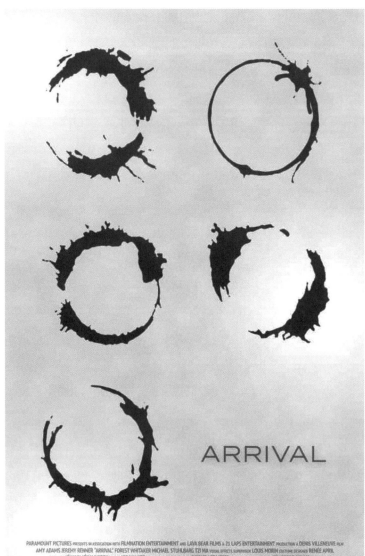

* 영화 〈어라이벌〉

없다. 시간관이 다르니 사고체계가 다르고 언어도 달랐다.

테드 창은 사고체계가 다른 존재와 소통을 한다는 게 무엇인지 소설에서 보여준다. 소설 속에서 루이즈는 딸에게 "유아라는 단어는 '말할 줄 모르는'이라는 뜻의 라틴어에서 유래한 것"이라고 설명한다. 어쩌면 테트 창이 유아기라는 라틴어 인판티아가 '말할 줄 모르는'이라는 말에서 영감을 받아 이 소설을 쓴 게 아닐까?

꧁ 언어와 주체성 ꧂

키케로나 아우구스티누스가 유아를 말할 수 없는 존재라 표현한 것처럼 고대에는 유아와 언어를 연관시켜 생각했다. 그리고 현대에 와서 언어는 정신분석학에서 굉장히 중요한 주제가 되었다.

프랑스 정신분석가 자크 라캉(Jacques Lacan)은 인간의 근본 영역을 상상계, 상징계, 실재계 세 가지로 나눈다. 상상계는 어린 아이가 말하지 못할 때 있었던 세계다. 늘 상상만 하는 세계에서 있던 아이는 말을 배우게 되면 상징계로 넘어가게 된다. 그리고 직접 경험할 수 없고, 절대로 도달할 수 없는 실재계가 있다.

상상계에 있던 아이는 언어를 통해 상징계로 들어가게 된다. 그러면서 주체(subject)가 태어난다. 서브젝트는 우리가 문법이나 언어에서 '주어'라고 번역을 하는데, 주체로도 이해를 하고 주어로도 이해를 한다. 언어의 주어가 된다는 것은 주체가 된다는 것이고, 결국 언어를 통해서 주체가 된다는 것이다.

8매듭 말할 수 없는 욕구 – 인판티아

라캉은 주체를 드러내는 것을 언어 능력이라 보았다. 주체가 드러나면 세계와 타자 그리고 자아에 대한 구분과 인식이 언어에 의해 생긴다. 모든 주체는 언어에 종속되며 언어를 통해서 타자에 접근할 수 있다.

또 라캉은 "언어 때문에 무의식이 생긴다"고 했다. 상상계에 있을 때는 무의식이 없었는데 언어를

* 프랑스 정신분석가 자크 라캉

알게 되면서 의식과 무의식이 나눠지게 된다. 유아기에 말 못하는 시기에 의식과 무의식이 하나로 있다가 상징계로 넘어오면서 언어 때문에 무의식과 의식이 나누어진다는 것이다. 이 무의식을 해석하는 게 정신분석학의 큰 주제다.

⚜ 라캉의 욕망 이론 ⚜

라캉은 인간의 욕망을 욕구, 요구, 욕망으로 구분했다. '욕구 (needs)'라고 하는 것은 상상계 차원에서 그냥 원하는 것이다. 이후 말을 배우게 되면서 뭘 원하는지 '요구(demand)'를 한다. 인간 존재가 욕구가 있고 말을 하면서 요구하게 되고, 이것이 충족되지 않으면 '욕망(desire)'이라는 문제가 생긴다. 이 욕망이라는 건

무의식과 관련되어 있다.

쉬운 예를 들어 보겠다. 어릴 때 아이는 선물 요구를 많이 한다. 장난감을 사달라고 조르면 부모는 장난감을 사준다. 그런데 아이들 중에 그 장난감을 받고 좋아하는 아이도 있지만 막상 사주면 자신이 원하는 게 아니라고 짜증내는 아이도 있다. 사달라고 하는 걸 사줬는데도 온갖 트집을 잡아 짜증을 내는 것이다. 아이가 짜증을 내는 것은 사실 욕구가 채워지지 않았기 때문이다. 아이의 욕구는 엄마랑 아빠랑 하루 종일 같이 있는 것이다.

아이들은 그런 욕구를 표현하기 힘들다. 그러니 그냥 부모의 사랑을 확인하고 싶어서 장난감을 사달라, 이걸 해달라, 저걸 해달라 요구를 한다. 하지만 장난감으로 엄마랑 아빠랑 계속 있고 싶

* 아이들은 욕구를 언어로 표현하기 힘들다 ⓒ shutterstock

8매듭 말할 수 없는 욕구 – 인판티아

은 욕구가 충족되는 것은 아니다. 아이가 욕구가 있음에도 불구하고 그것을 언어로 표현하여 요구해도 채워지지 않는 부분 때문에 결핍이 일어난다. 그것을 결핍된 욕망이라고 한다.

라캉은 인간이 말로 표현하지 못하는 무의식 차원의 무언가가 인간의 결핍된 부분이 된다고 보았다. 모든 사람이 말을 안 할 수는 없다. 그러나 그것 때문에 뭔가 부족한 것이 생긴다. 그래서 어쩔 수 없이 결핍된 부분이 생길 수밖에 없다.

아이들이 언어를 배우기 전에 "엄마를 그려 보세요." 하면 생각지도 않은 차원에서 다양하게 엄마를 그린다. 그런데 이 아이가 엄마라는 말을 배우고 엄마라는 말을 쓸 줄 알면 아무렇게나 그려놓고 그림 옆에다 '엄마'라고 쓴다. 언어를 모를 때는 자기가 생각하는 엄마에 대한 모든 차원의 것을 그림으로 이렇게도 그려보고 저렇게도 그려보는데 언어를 알면 간단해진다. 그냥 '엄마'라고 쓰면 되는 것이다.

그러나 언어를 사용하는 것 속에서 결핍이 일어나게 되고 그게 욕구불만이 되고, 욕망하는 무언가를 자꾸 추구하게 된다. 그래서 라캉은 무의식에 어떠한 욕망이 있는지, 언어로 포착하지 못하는 다른 욕구가 무엇인지 점검하는 것이 중요하다고 말한다.

❧ 잠재성에 생명력 불어넣기 ❧

라캉이 욕망을 채워지지 않은 부정적인 걸로 본 것과 달리 욕망

을 긍정적으로 해석한 철학자도 있다. 질 들뢰즈(Gilles Deleuze)
다. 들뢰즈는 욕망이란 것은 결핍된 게 아니라 생산성이 있는 것
이라고 이야기를 한다. 그는 인간은 저마다 잠재성을 가지고 태
어나는데 이 잠재성을 어떻게 현실화 시킬 수 있을지에 관심을
기울였다.

들뢰즈는 고대 아리스토텔레스의 이론을 현대로 끌어왔다. 아
직 실현되지 않은 잠재력은 감각 자극을 통해 생성하고 운동하고
변화하면 현실화된다고 했다. 잠재력이 있어도 감각 자극이 없거
나 그 강도가 약하면 능력을 발휘할 수 없다. 그래서 우리는 어떤
감각에 자극받아 무엇을 욕망하는지 살펴야 한다는 것이다.

들뢰즈는 《시네마》라는 책에서 영화의 '몽타주'라는 기법으로
운동, 변화 과정을 이야기한다. 몽타주는 따로 따로 촬영한 화면
을 적절하게 떼어 붙여서 하나의 긴밀하고 연관성 있는 새로운
장면이나 내용을 만드는 일이다.

정지돼 있는 것 같고 별 다를 것 없어 보이는 장면 하나하나에
변형을 가해서 조금씩 변하게 만들어 그것을 연속적으로 보여주
면 거기에 운동성이 생긴다. 이게 잠재적인 것이 운동성을 가지
면서 현실화되어 나타나는 것이다. 이 변형이 '차이'이고, 연속적
으로 보여주는 것이 '반복'이라고 했다. 들뢰즈의 유명한 책 중에
하나가 《차이와 반복》이다.

이것을 애니메이션(animation)으로도 생각해 볼 수 있다. 애
니메이션은 라틴어 '아니마티오(animatio)'에서 왔다. '아니마
(anima)'는 '호흡, 숨 쉬기' 또는 '생기, 생명력'이란 말이다. 그래

* 정지된 그림에 생명을 주는 것, 애니메이션 © shutterstock

서 애니메이션은 '생명력 주기'라 할 수 있겠다. 그러니까 정지된 그림에 생명을 주어 움직이게 하는 것이 애니메이션이다. 들뢰즈의 설명에 따르면 차이와 반복으로 그림 하나하나를 차이 나게 변형시키고 그걸 반복적으로 보여주면 생명력을 얻게 된다.

잠재되어 죽은 사물처럼 보이는 것에 생명력이 나타나는 과정에는 세 가지 요소가 있다. 첫째, 그림이 있어야 된다. 이것을 프레임(frame)이라고 한다. 둘째, 변형(metamorphosis)이 돼야 된다. 셋째, 변형만 시키면 되는 것이 아니라 연속적으로 보여줘야 한다. 이것을 들뢰즈는 '공간 가로지르기'라고 했다.

이렇게 세 개의 요소, 그림이 있고 변형되어 이게 연속적으로 보여주면 그 실체를 중심으로 실체는 가만있고 공간이 지나간다. 이처럼 공간을 가로지르게 될 때 운동감이 느껴진다.

공간을 통해 지각되는 시간

공간을 이동하는 것, 장소를 이동하는 것, 즉 공간성을 감각할 때 시간성이 가능하다. 우리는 공간이 이동할 때 시간이 지나가는 것을 느낀다. 가만있어도 시간이 간다고 느낄 수 있겠지만 다른 사람에게 시간감을 줄 때는 공간의 이동을 통해서 시간이 지나간다는 것을 보여준다. 집에 가만히 있는 날보다 이리저리 바쁘게 장소 이동을 많이 한 날에 시간감을 더 많이 느끼게 되는 것과 같은 이치다.

운동이 가로지른 공간은 과거이고 운동은 현재이면서 가로지르는 행위다. 가로지른 공간은 분할 가능하고 운동은 나누어지지 않는다. 운동 전체는 나누어지지 않지만 공간은 나눌 수 있다. 그리고 그 안에서 시간이 느껴진다. 이게 공간과 시간의 연관성이다. 들뢰즈는 시간과 공간은 서로 분리된 개념이 아니고 시간이라는 것은 공간을 통해 지각되는 것이라 생각했다.

시간이란 단어 '타임(time)'은 라틴어 '템푸스(tempus)'에서 왔고, 이 템푸스라는 말은 그리스어 '템노(temno)'에서 왔다. 템노는 '자르다'라는 말이다. 도대체 뭘 자르는 걸까? 시간을 자를 수 있을까? 시간을 자른다는 것은 사실 공간을 자른다는 이야기다. 고대 그리스에서는 시간과 공간을 따로 보지 않고 항상 상관적으로 보았기 때문에 공간을 잘라서 그 잘라진 공간이 이동될 때 시간이 간다고 생각했다.

그래서 이 템푸스라는 단어는 공간과 관련해서 많이 나타난다. 신전이라는 의미의 '템플(temple)'에도 '템프(temp)'가 있다. 이것도 자르는 것이다. 신전은 일반적으로 아무 때나 가서 일상적으로 있는 장소가 아니라 다른 장소와 분화시켜 놓은 곳이다. '숙고

8매듭 말할 수 없는 욕구 – 인판티아

하다'라고 할 때 '컨템플레이트(contemplate)'를 쓴다. 숙고도 사실은 공간을 잘라서 따로 따로 생각하는 것과 연관된다는 것을 알 수 있다.

✦⟨ 그리스인의 시공간 개념, 크로노토프 ⟩✦

이미지 하나하나로 다 잘라놓은 사진들이 하나의 장소에서 조금씩 변형을 거치며 이동될 때, 들뢰즈의 표현으로 공간을 가로지를 때 시간감을 느끼게 된다. 고대 사람들은 시간과 공간을 연관해서 생각했지만 뉴턴 이후로는 시간도 객관적으로 있고 공간도 객관적으로 있다 생각했다. 고대 사람들이 시공간을 따로 생각하지 않았다는 것에 관심을 보였던 문학비평가가 또 있다. 그 사람이 미하일 바흐친(Mikhail Bakhtin)이다.

바흐친은 시간과 공간이 따로 떨어져 있는 것이 아니라 상관되어 나타난다고 시공간이란 의미의 신조어, '크로노토프(chronotope)'라는 단어를 만든다. 그리스어로 시간을 뜻하는 '크로노스(chronos)'라는 말과 장소를 뜻하는 '토포스(topos)'라는 말을 합친 것이다.

그리스에서 크로노스라고 할 때는 시간이라는 명사이기도 하지만 C를 대문자로 쓰면 크로노스 신을 이야기한다. 우리가 지금 생각하고 있는 시간, 음악, 당위, 필연 등의 개념은 신들의 이름에서 왔다. 그중에서 시간을 의미하는 게 크로노스다.

＊ 페테르 파울 루벤스, 〈자식을 삼키는 크로노스〉(1636)

8매듭 말할 수 없는 욕구 – 인판티아

크로노스는 대지의 여신 가이아와 우라노스 사이에서 태어난 신으로 커다란 낫으로 아버지 우라노스를 없애고 최고 신의 자리에 오른다. 누이 레아와 결혼해 12명의 자식을 낳지만 자식 중 한 명이 자신의 자리를 차지할 것이란 신탁 때문에 아이가 태어나자마자 잡아먹는다. 맨 마지막 낳은 아이가 제우스였는데 제우스는 엄마와 짜고 아버지 배에 있는 자신의 형과 누나를 끄집어낸다. 제우스는 뱃속에서 나온 형제들과 같이 아버지 크로노스, 윗세대와 싸우고 올림푸스의 왕좌를 차지한다.

이 신화에 따르면 먼저 태어난 형제들이 막내인 제우스보다 크로노스의 배에서 나중에 나오게 되면서 결국은 순서가 역전된다. 이걸 시간의 가역성이라고 이야기한다. 시간이 순차적으로 가지만 낳은 대로 잡아먹고 어느 순간 거꾸로 꺼내니 순서가 바뀐다. 가역적인 시간, 순차적인 시간 또는 순환적인 시간이 크로노스 신화 안에 복합되어 있다.

우리는 과거, 현재, 미래의 시간 순서에 익숙하기 때문에 항상 이 순차적인, 직선적인 시간만을 생각하는데, 앞에서 이야기한 영화 〈컨택트〉에서는 시간에 대한 관념이 다르기 때문에 언어도 순환적으로 구성한다.

고대 그리스나 로마에서 생각했던 시간은 객관적으로 있는 것이 아니다. 과거, 현재, 미래라는 개념 자체는 필요하지 않았다. 바흐친은 고대 그리스의 문학에서 시간의 개념이 현재와 다르다는 것을 발견했다.

고대에는 시간의 개념이 지금과 달라서 《오디세이아》 같은 경

＊ 프란체스코 프리마치오, 〈오디세우스와 페넬로페〉(1563)

우 오디세우스는 거지가 되어 20년 만에 아내를 만나러 왔지만
늙지도 않고, 힘도 약해지지 않는다. 이 모든 것들이 지금과 다른
시간의 개념을 반영하고 있음을 알 수 있다.

그대가 곁에 있어도 그대가 그립다

바흐친은 "시공간적 표현 없이는 추상적인 사고가 불가능하다."
라고 이야기한다. 여기서 말하는 시공간적 표현이란 시간과 공간
을 엮어서 보는 것으로 시간을 공간으로부터 분리해 봐서는 추상
적인 사고를 할 수 없다. 그래서 의미의 영역으로 들어가려면 크

8매듭 말할 수 없는 욕구 – 인판티아

로노토프라는 문을 통과해야만 한다. 시공간을 상관적으로 보는 그런 문 말이다.

인간의 언어는 정지된 것을 포착하는데 그때 언어는 과거, 현재, 미래라는 순차적인 시간관을 지닌다. 하지만 인간의 언어는 욕구를 표현하기에 항상 역부족이다. 그래서 욕구불만으로 나타날 수밖에 없다.

이를 잘 나타내는 시가 하나 있다. 류시화 시인이 쓴 〈그대가 곁에 있어도 나는 그대가 그립다〉라는 시다. 시인은 물속에는 물만 있는 것이 아니고, 내 안에는 나만 있는 것이 아니라며 그대가 곁에 있어도 그대가 그립다고 노래한다. 이 시는 언어로는 욕구가 채워질 수 없는, 인간이기 때문에 어쩔 수 없이 항상 과거, 현재, 미래라는 시간성에 묶여 있을 수밖에 없는 인간의 한계를 잘 표현한다.

과거를 추억하면서 현재로 불러내는 시간은 어떻게 보면 사진의 스냅샷과 같다. 시공간이 따로 분리되지 않고 공간으로 만들어진다면 과거를 추억하는 것은 그 공간으로 이동하는 것이 된다. 또 옛날에 찍어 놓은 동영상을 보면서 그곳으로 가서 현재와 과거가 연결되는 시간을 경험할 수 있다.

갑자기 된장찌개가 먹고 싶은 충동이 일어나는 때가 있다. 다른 된장찌개가 아니라 어린 시절 엄마가 끓여준 된장찌개가 먹고 싶어진다. 그러면 엄마가 된장찌개를 끓이는 그 옛날 우리 주방으로 공간 가로지르기가 나타난다. 가만 보면 된장찌개가 먹고 싶은 것이 아니라 어머니의 사랑이 그리운 것이다.

기형도 시인의 〈엄마 생각〉의 맨 마지막 구절인 '지금도 내 눈시울을 뜨겁게 하는 그 시절, 내 유년의 윗목'이 떠오른다. 시간과 공간을 넘어선, 그래서 그 시공간을 지금의 시공간과 결합하여 새로운 시간의 경험을 만드는 것이 진정 아름다운 모습이 아닌가 하는 생각이 든다.

만들어진
진실

— 팩텀 —

팍툼
Factum

진실

　기록된 역사는 모두 사실일까? 2013년에 개봉된 영화 〈초한지: 영웅의 부활〉은 의미심장한 메시지를 던진다. 이 영화의 영어 제목은 'The last supper(최후의 만찬)'로 혼란스러운 중국을 통일한 한나라 유방의 이야기다.

　유방은 항우와 의기투합을 해서 중국의 혼란을 수습하려고 한다. 그러나 유방은 화려한 진시황의 왕궁을 보는 순간 욕심이 생긴다. 항우의 책사 범문은 나중에 유방이 걸림돌이 될 것이라 생각해 홍문연에서 칼춤을 추며 유방을 죽이려 한다. 유방은 죽을 수도 있는 상황에서 탈출을 하게 되는데, 그때 한신이 도움을 준다.

　한신은 유방의 심복이자 통일의 일등공신이다. 그렇다면 그는 충신이 아닌가? 그러나 유방의 부인인 여태후, 여치는 한신의 공

을 가로채기 위해 한신을 역적으로 모는 내용을 책에 기록한다. 유방은 점점 힘이 강해지는 한신에 대한 두려움을 느끼면서도 생사고락을 함께한 한신에 대한 믿음 사이에서 갈등한다. 결국 한신은 누명을 쓰고 죽임을 당한다.

영화 속에 "책에 적힌 게 사실입니다."라는 대사가 나온다. 이 영화는 우리에게 기록은 있는 그대로의 사실이 아니라 승자가 자신의 관점에서 꾸밀 수 있다는 것을 이야기한다. 그래서 역사 기록은 '승자의 역사'라 한다. 권력의 독점으로 사실이 왜곡될 수 있기 때문에 요즘에는 기록된 것만 가지고 역사를 구성하지 않는다. 고고학적 발견 등 기록 이외의 것들을 토대로 맞는지 틀린지를 점검하며 역사를 재구성한다. 그렇지 않으면 가짜 사실을 진짜라고 믿는 일이 벌어진다.

✦⟨ 팩트, 사실의 중요성 ⟩✦

철학, 특히 언어철학에서는 '팩트(fact)'가 굉장히 중요하다. 문장 하나하나가 참과 거짓이 결정되지 않으면 허위의 말로 구성된 문장으로 철학을 하게 되기 때문이다. 그럼 문장의 참과 거짓, 그 진위는 무엇으로 판정될까? 그 구분을 위한 기준으로 이야기하는 게 바로 팩트다.

문장의 진위는 사실로 판별된다. 이러한 입장을 흔히 언어철학에서는 진리대응론이라고 한다. 진리대응론에서는 명제가 참이기 위해서는 그 명제가 반드시 사실과 대응해야 한다. 사실이라고 말하는 그 의미가 진위와 대응할 만한 근거로 부족함이 없을 때 명제는 참이 된다.

영어 팩트는 라틴어 '팍툼(factum)'에서 왔다. 팍툼의 어원은 '만들다'라는 뜻의 '파키오(facio)'다. 이 파키오라는 동사의 과거분사형이 팍툼이다. 팍툼을 우리말로 번역을 한다면 '만들어진 것' 또는 '만들어진'이 된다. 팍툼에는 원어적으로 '사실'이라는 의미가 담겨 있지 않다. 그런데 어떻게 팍툼에 사실이라는 의미가 들어갔을까?

파키오는 그리스어 '포이에오(poieo)'에서 왔다. 포이에오의 명

9매듭 만들어진 진실 – 팍툼

사형은 '포이에마(poiema)'로 영어로 '포임(poem)', '시(詩)'다. 시는 만들어진 것이 맞다. 팍툼이란 단어는 초기에는 사람에 의해서 만들어진 것 그러니까 '업적, 행적' 이런 뜻을 유지하고 있었다. 이것이 르네상스를 거치면서 의미가 바뀐 것으로 보인다. 기록을 보면 17세기 이후에 오늘날 우리가 생각하는 사실이란 의미로 사용되는 걸 알 수 있다. 허구와 대립된 의미로 팩트가 사용된 것이다. 팩트가 사실로 바뀐 과정을 살펴보자.

❧ 헤르메스주의가 유행한 르네상스 시대 ❧

르네상스 시대에는 마술학(魔術學)과 비학(祕學)이 학문으로 인정받는다. 마술학은 라틴어로 하면 '아르스 마기카(Ars Magica)'라고 한다. 아르스는 '학문, 학예, 기예'라는 뜻이고, 마기카는 오늘날의 '매직(magic)'이다. 비학은 '오쿨타 필로소피아(Oculta Philosophia)'라 하는데, 필로소피아는 '철학'을 뜻하고 오쿨타는 '비밀스러운, 은밀한' 이런 뜻이다. 비학에 속한 것이 점성술, 연금술, 자연마술 등이다.

아르스 마기카와 오쿨타 필로소피아, 마술학과 비학이 르네상스 당시에 유행을 한다. 마술학과 비학을 이야기하는 사람들은 그리스의 신들 중에 헤르메스(영어로 머큐리)를 중요하게 여겼다. 헤르메스는 하늘, 땅, 지하의 경계를 마음껏 드나드는 권한을 가졌다. 그의 모자, 샌들, 심지어 지팡이에도 날개가 있다.

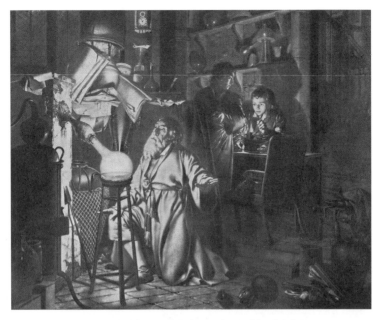

* 연금술의 진정한 목표는 정신을 보배롭게 하는 것이다 © shutterstock

헤르메스는 길을 지배할 뿐만 아니라 망자들을 지키며 저승으로 안내한다. 어둠 속에서도 길을 잃지 않고, 경계를 넘어 망자들을 인도하며, 자신을 보이지 않게 할 수도 있는 이 헤르메스를 신봉하는 사람들을 일컬어 헤르메스주의자라 했다.

헤르메스주의자들은 연금술에도 관심이 많았다. 그들은 단지 금을 만드는 것이 목표가 아니라 연금술의 '금'은 보배를 상징하는 것으로, 연금술의 진정한 목표는 그 과정을 통해 정신을 보배롭게 하는 것이었다. 연금술사들은 이를 위해 신적인 소통을 중히 여기고 숨겨진 지식과 비법을 찾았다. 하찮은 금속들도 수은

9매듭 만들어진 진실 – 팩톰

* 헨드리크 골치우스, 〈머큐리〉(1611)

* 에블린 드 모건, 〈머큐리〉(1873)

의 촉매작용과 결합을 거쳐 귀금속으로 변하듯 보잘것없는 인간
들이 헤르메스의 '영지'를 통해 구원을 받는다고 간절히 믿었다.

이들의 사상은 신플라톤주의와 연결된다. 신플라톤주의는 플라
톤 사상을 계승하며 3~6세기 로마에서 유행한 사상으로 모든 것
이 하나로 수렴될 수 있고, 그 하나로부터 모든 것이 흩어져 나올
수 있다고 하였다. 이 사상이 15세기 이후 다시 부활해 르네상스
문화에 영향을 끼쳤는데 특히 헤르메스주의자들의 지지를 받았다.

헤르메스주의는 우주의 모든 힘 중에서 두 가지 대표되는 힘이
있다고 한다. 하나는 '공감'이고, 또 하나는 '반감'이다. 공감은 영

9매듭 만들어진 진실 – 팩툼

어의 '심퍼시(sympathy)'인데, 라틴어로 '심파티아(sympathia)', 그리스로 '쉼파테이아(sympatheia)'다. 공감을 사람의 감정으로만 이해했던 것이 아니라 우주의 원자 안에서 끌어당기는 힘이 작용한다 생각했다. 그리고 밀어내는 힘도 존재하는데, '안티파테스(Antíphātes)', 영어로 '안티퍼시(antipathy)'인 반감이다. 당시에는 인간의 감정에서 일어나는 작용이나 물질 안에서 일어나는 작용을 하나의 원리로 생각했다.

헤르메스주의가 과학에 끼친 영향

헤르메스주의에 대해 부정적인 인식이 있지만, 학계에서는 헤르메스주의의 긍정적인 역할을 연구하고 있다. 전자기학의 선구자인 윌리엄 길버트(1544~1603)나 천동설을 주장한 갈릴레오 갈릴레이(1564~1642), 근대 천문학의 개척자인 요하네스 케플러(1571~1630) 모두 헤르메스주의를 거쳐 자신들의 이론을 발전시켰다.

1618년 마르부르크 대학교에서 신학과 의학을 전공한 요한네스 다니엘리스 밀리우스가 출간한 책 《의화학》의 표지를 보면 헤르메스주의가 과학혁명 시기인 17세기까지도 건재했다는 것을 알 수 있다. 표지 아래에는 두 사람이 원을 떠받치고 있다. 왼쪽은 헤르메스이고 오른쪽은 히포크라테스다.

헤르메스 위에는 '광물의 거처', '별들의 거처'라고 쓰여 있고,

* 《의화학》 표지

히포크라테스 위에는 '소우주의 거처', '원소들의 거처'라고 쓰여 있다. 중앙 하단의 원 모양은 연금술을 상징하는 것으로 원 안에는 '옴니아 압 우노(OMNIA AB VNO, 만물이 하나로부터), 옴니아 페르 우눔(OMNIA PER VNVM, 만물이 하나를 통해), 옴니아 인 우노(OMNIA IN VNO, 만물이 하나 안에서)'라고 쓰여 있다. 그리고 표지 중앙에는 대우주를 상징하는 12황도의 그림이 있다. 우주는 이렇게 신비한 힘으로 가득 차 있다고 헤르메스주의자는 생각했다.

연금술적인 헤르메스주의를 가진 과학자가 또 있다. 바로 뉴턴이다. 뉴턴은 한 평생 연금술에 몰두한 걸로 알려졌다. 연금술에 대한 백만 개 이상의 단어로 구성된 원고가 발견이 되기도 했다.

뉴턴의 전기인 《아이작 뉴턴》을 쓴 리처드 웨스트폴은 뉴턴의 인력과 척력 개념은 헤르메스주의의 공감과 반감에서 온 것이라 밝히고 있다. 뉴턴도 헤르메스주의의 관점에서 과학에 접근했던 것이다.

이렇게 헤르메스주의에 대해 길게 설명한 것은 이 사상이 부정적인 역할만 한 것이 아니라 이전에는 생각지 못했던 상상의 나래를 펼치고, 이전의 고정적인 관점을 확 뛰어넘을 수 있는데 큰 역할을 했기 때문이다. 뉴턴에게 공감과 반감이라는 헤르메스주의가 없었다면 만유인력도 발견될 수 없었을 것이다.

진실과 허구의 구분

르네상스 시대를 지나며 팍툼이 어떻게 사실이란 의미로 바뀌게 된 것일까? 이는 비학의 긍정적인 역할 때문이 아니라 이 비밀스러운 학문의 폐해가 점점 드러났기 때문이다. 네덜란드의 화가 히에로니무스 보스(Hieronymus Bosch)가 1494년경에 그린 〈바보치료〉라는 그림은 비학의 폐해를 풍자한 대표적인 그림이다.

그림에서 보면 치료자가 환자의 머리에 칼을 대고 있다. 흔히 머리가 나쁜 사람의 머릿속에는 돌이 들어 있다고 비유한다. 그런데 이것을 우화적으로 해석하지 않고 치료를 위해 머리에서 돌을 꺼내는 수술을 하는 모습이다. 정확한 근거도 없이 비학을 근거로 한 치료법이었다. 작가는 엉터리 치료법으로 사람들을 현혹

* 히에로니무스 보스, 〈바보치료〉(1494)

시키는 것을 그림으로 비판했다.

르네상스의 마술학이나 비학이 긍정적인 역할도 했지만 때로 사람들에게 헛된 진리를 그대로 받아들이는 폐해를 낳았다. 마술학이나 비학에 어느 것이 좋은 것이고 어느 것이 나쁜 것인지를 구분해야 될 필요가 생겼다. 그래서 거짓된 내용을 허구로 보고, 그 허구와 대립되는 것을 사실로 보았다.

이것이 17세기에 일어난 일이다. 17세기 이전까지만 해도 사실인지 허구인지 가리는 기준이 없어 사실과 허구의 경계가 모호했다. 17세기를 지나면서 사실과 허구를 정확히 구분해야 되겠다고 생각했다.

허구는 '픽션(fiction)'이라고 할 때 라틴어 '픽티오(fictio)'에서 온 것이다. 픽티오는 '짜여진 것, 구성'이란 뜻이고 여기서 허구를 의미하게 된다. 그리고 팍툼을 사실이란 의미로 새롭게 규정한다. 대표적인 인물이 프란시스 베이컨(Francis Bacon)이다.

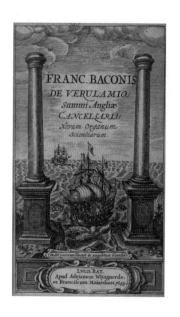

프란시스 베이컨은《새로운 기관(Novum Organum)》에서 주로 인간의 업적에 사용했던 팍툼이란 단어를 '팍툼 나투라이(factum naturae)'란 표현으로 사용한다.

* 프란시스 베이컨의 책《새로운 기관》

나투라이가 자연이니 팍툼 나투라이는 '자연이 만들어놓은 것'이다. 그는 자연이 만들어놓은 것만이 아니라 관찰을 하고 실험을 해서 과학적으로 얻어내 만들어진 것도 사실에 포함시켰다. 과학이 자연과 같은 '사실'로 개념이 바뀌게 된 것이다.

베이컨은 "사실 그 자체가 진실의 것, 베리타티스 레스(Veritatis res)"라고 했다. 사실의 개념을 진실의 개념으로 확장했다. '진리는 사실이다.' 이런 식으로 이야기를 하게 되면서부터 사람들이 팍툼을 만들어진 것이 아니라 사실, 진실로 받아들이게 되었다. 그리고 과학, 자연에서 이루어진 것, 그 업적이 사실이라는 생각을 굳히게 된다.

✺꙰ 과학은 진실인가? ꙰✺

우리가 과학 실험 등에서 사실을 얻으면 '데이터(data)에서 얻었다'고 한다. 데이터라는 말은 '주다'라는 라틴어 동사 '도(do)'라는 말에서 왔다. 도의 과거분사형인 '다툼(datum)'의 복수형이 '다타(data)'인데, 이 다타가 영어의 데이터다. 그러니까 데이터는 '주어진 것들'이란 의미다.

사실이라는 팍툼, 팩트로 인정하는 것도 주어진 데이터를 통해서 그것을 내가 해석하고 이해하면서 사실로 받아들인 것이다. 그렇기 때문에 인간에게 주어진 데이터를 받아들여서 팩트로 만드는 것은 거기에 객관적인 진실이 있다기보다는 인간의 주관적인 판단이 들어간다.

베이컨은 자연과 과학의 실험 영역에서는 그러한 주관성이 없기 때문에 '진실이다', '팩트다'라고 이야기를 했다. 그러나 과학적인 사실도 정말 진실만 있는지 사람들은 고민하기 시작한다. 데이터가 있고 그 데이터를 사실로 평가하는 것에는 메타성이 있다. 내가 다른 층위에서 평가를 하는 작용이 있기 때문에 객관적인 것만은 아니다.

프랑스의 철학자이자 과학기술 사회학자인 브뤼노 라투르(Bruno Latour)는 우리가 과학적 사실을 진실로 받아들이는 것에 대해 비판한다. 데이터가 주어지고 이것에 대한 나의 해석이 들어간 '의견'인데 그 의견을 가지고 '진리다', '사실이다'라고 하는 것은 올바르지 않다고 보았다. 그는 《젊은 과학의 전선》이라는 책에 다음과 같이 쓴다.

사람들은 책, 파일, 서류, 논문들을 사용하기 시작해서 남들로 하여금 처음에는 하나의 의견이라고 여겼던 것을 사실로 받아들이게끔 만든다. 요약하자면 사실(fact)과 장치(machines)의 구축은 집단적(collective) 과정이다.
– 브뤼노 라투르, 《젊은 과학의 전선》 중에서

브뤼노 라투르는 사실과 장치를 구축하는데 어떤 집단이 자신들의 이익을 위해서 사실을 왜곡할 수 있다는 점을 경계했다. 라투르는 파블로프의 조건반사 이론을 예로 든다. 파블로프의 조건

* 파블로프가 실험하는 개를 바라보고 있다(1934)

반사 이론은 개에게 먹이를 줄 때 항상 종을 치고 먹이를 주니 나중에는 종만 치면 입안에 침이 고이게 되었다는 실험 결과를 토대로 반사를 조건반사와 무조건반사 개념으로 나눈 획기적인 이론이다.

라투르는 이 이론은 실제 상황이 아니라 방 안 구석에 개를 몰아넣고 제약을 둔 상태로 만들어놓고 실험한 결과로 개를 그냥 풀어놓은 실제 상황이 되면 아무리 종을 쳐도 개가 침을 흘리지 않을 텐데 어떻게 사실로 인정하느냐고 반문한다. 사실로 만들기 위해서 조건을 제한해 실험한 것에 불과하므로 과학적 사실로 믿을 것이 못 된다는 것이다. 그렇다면 우리가 데이터를 가지고 무엇을 만드는 것은 소용없는 일일까?

9매듭 만들어진 진실 – 팩툼

히스토리아, 탐문하라

모든 것이 다 우리에게 완벽하게 진실로, 진리로 있을 수는 없다. 대부분 데이터를 가지고 해석이 된다. 우리는 기록에 남아 있는 한두 줄의 문장을 가지고 사극을 만들기도 하고 소설을 쓰기도 하고 연극을 만들기도 한다.

그럼 이런 식으로 만들어 놓은 일들은 다 잘못된 것일까? 만들어진 것이기 때문에 잘못된 것일까? 그렇지 않다. 그래서 만들어진 용어가 바로 '팩션(faction)'이다. 팩션이란 말은 1960년대 이후 만들어진 신조어다.

역사적 사실인 팩트(fact)와 가공의 이야기인 픽션(fiction)을 합친 문화예술 장르인 팩션은 완전한 픽션은 아니고 우리가 진실이라고 판단하는 것에 허구를 결합한 것이다. 어떤 이들은 사극을 보며 역사책보다 재미있다 하고, 어떤 이들은 역사를 왜곡한 것이라 비판한다. 그러나 둘 다 장점이 있다.

신화라고 번역하는 그리스어는 '미토스(mythos)'다. 이 미토스는 우리가 이해하듯이 신화라는 의미보다 그리스어 자체로는 '이야기'라는 의미에 더 가깝다. 〈이솝 우화〉도 'Aesop mythos', '이솝의 이야기'다. 고대 그리스에서는 이 이야기를 무조건 진실이라 믿는 사람은 아무도 없었다. 그럼 어떻게 했을까? 탐문을 한다. 물어보고 탐구해서 이 미토스가 정말 진실에 가까운지 생각을 했다.

탐문이란 말이 그리스어로 '히스토리아(historia)'다. 히스토리

* 이솝과 〈이솝 우화〉 중 한 장면

(history)라고 하면 역사라고 이야기하지만 히스토리의 원래의 의미는 '탐문'이다. 탐문은 미토스가 맞는지 틀리는지 알아보는 것이다. 사극을 보며 무조건 맞다고 주장하거나 역사 왜곡이라 비난하는 것보다 그리스에서 했듯이 이 미토스가 진실인지를 끊임없이 탐문하며 진실성을 들춰내는 해석의 작용이 훨씬 더 중요하다.

이소라의 노래 중에 〈바람이 분다〉가 있다. 가사에 '하늘이 젖는다'라는 구절이 있다. 하늘이 젖는다는 것이 무엇일까? '텅 빈 풍경이 불어온다'고 노래하는데, 풍경은 보는 것인데 풍경이 나에게 불어온다니 그건 어떤 모습인 것일까? 그리고 바람에 소원이 흩어진다는 것은 또 무엇일까?

이것은 과학적으로 밝힐 수 없는 사실이다. 사람들은 '어떻게 하늘이 젖어?' '어떻게 풍경이 우리 속에 불어와?' 그리고 '어떻게 바람이 분다고 내 소원이 흩어져버려?' 이렇게 생각한다. 그러나 내 마음속에서 일어나는 일이기 때문에 분명히 진실이기는 하다. 남들은 허구라고 하지만 모든 것이 거짓말인 것은 아니다. 진실이라는 것은 허구 속에도, 미토스 속에도 있다. 경계할 것은 어떤 의도를 가지고 조작되거나 왜곡되는 이야기다.

당신이 진실이라고 믿고 있는 것은 무엇인가? 그리고 진실이라고 다른 사람들에게 고집했던 명제들은 없는가? 무턱대고 진실이라고 믿는 것은 아닐지 늘 탐문하는 과정이 필요하다.

10매듭

은유적
인간

- 메타포라 -

메타포라
Metaphora

은유 μεταφορά

현대에 은유라는 것은 표현법 또는 수사법의 하나로만 이야기하고 있다. 그러나 최근에 이 은유를 통해 우리의 삶을 해석하려는 철학자와 문학가가 등장했다. 그들은 은유가 단순히 수사법이 아니라 우리의 삶 전체를 볼 수 있는 도구로 본다. 이것은 아리스토텔레스가 이야기했던 은유라는 말의 원뜻과도 연결된다.

프랑스 문학이론가 제라르 주네트(Gérard Genette)는 현대의 은유를 '줄어든 수사학'이라 한다. 수사학은 범위가 굉장히 넓었는데 점점 좁아져서 지금은 표현법에만 국한되는 학문이 되었다는 것이다.

그리스와 로마에서는 수사학이 시민이 익혀야 할 기본 학문이었고, 르네상스 시대 7학예에도 수사학이 들어가 자유시민은 무

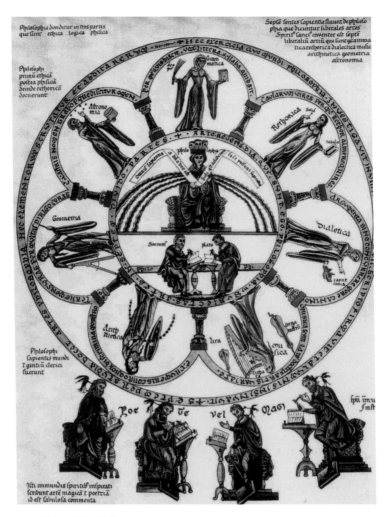

* 르네상스 시대 7학예

조건 수사학에 대한 공부를 했다. 고대의 수사학은 문법과 달랐다. 문법을 배우고 그다음에 변증학 또는 논리학을 배운 후 별도로 수사학을 배웠다. 수사학은 문법도 아니고 논리학도 아닌 다른 영역이었다.

수사학자가 가져야 할 능력으로 5가지 영역을 꼽았다. 라틴어로 하면 '인벤티오(invéntĭo), 디스포지티오(dispŏsítĭo), 엘로쿠티오(elocutio), 메모리아(memoria), 악티오(actio)'이고, 한국말로 한다면 '발견, 배치, 표현, 기억, 행위'이다. 그런데 지금은 안타깝게도 이 다섯 영역 중에서 엘로쿠티오만 수사학으로 생각한다.

아리스토텔레스가 쓴 《수사학》에는 수사학의 표현법이 우리의 모든 삶을 표현할 수 있는 넓은 영역의 것이었다. 그것을 한마디로 잘 드러낼 수 있는 것이 '메타포라(metaphora)', '은유'다. 메타(meta)는 '넘어', 포라(phora)는 '가져가다, 전달하다'란 말이다. 그러면 메타포라는 '넘어서 가져갔다', '넘어서 전달했다' 이런 뜻이 된다.

바다의 꽃, 내 귀는 소라

여기 사진이 하나 있다. 바다에 꽃과 소라가 있는 그림이다. 이걸 바다와 관련시켜 문장을 한번 떠올려보자. 꼭 문장이 아니라도 괜찮다. 그냥 한두 개 단어를 결합해도 된다. 꽃이 바다에 있으니 '바다의 꽃'이란 표현을 생각해 보자. 흔히 말미잘을 바다의 꽃

* 바다에 꽃과 소라가 있는 사진 © shutterstock

이라고 이야기를 한다. 더 정확히는 '바다의 아네모네'라고 한다.

꽃은 바다와 연관돼 있는 것이 아니다. 꽃은 들판과 관련된 대상인데 그 꽃을 바다로 가져왔다. 특정 대상과 관련된 단어를 다른 대상에게 넘겨준 것이다. 은유라는 말이 여기서 나왔다. 은유라는 말은 복잡하거나 어려운 말이 아니라 특정 대상과 관련된 단어를 다른 대상에 넘겨주는 것이라 생각하면 된다.

이번엔 소라로 은유를 만들어보자. 이런 표현은 어떨까? '내 귀는 소라.' 소라는 바다와 관련된 것인데 귀로 넘어왔다. 소라에서 귀로 넘어올 때 그냥 넘어오는 것이 아니다. 둘 사이 관계가 있다. 그게 무엇일까? 바로 귀와 소라에 닮은 점이 있다는 것이다.

소라를 귀에 대면 바닷소리가 들린다. 내 귀도 소리와 관련된 것이다. 소라와 귀는 소리라는 유사성으로 서로 연결이 된다. 즉 다

* 하인리히 헤켈, 〈바다의 아네모네(Sea anemones)〉(1904)

10매듭 은유적 인간 – 메타포라

른 대상에게 건네줄 때 무조건 건네주는 것이 아니라 유사성이 있어야 한다. 그래서 이런 유사성의 발견이 은유에서 아주 중요하다.

아리스토텔레스는 《시학》에서 은유에 대해 이렇게 정의한다.

"사실 은유를 잘한다는 것은 그 유사성을 보는 것이다."
"τό γάρ εὖ μετάφέρωιν τό τό ὅμοιον θεωρεῖν ἐστίν."
— 아리스토텔레스, 《시학》 중에서

'메타페레인(μετάφέρωιν)'이 '넘어 가져가기, 은유'라는 말이다. '호모이온(ὅμοιον)'이 '유사성', '테오레인(θεωρεῖν)'이 '보는 것'이라는 말이다. 은유, 유사성, 보기 이 세 가지가 중요하다는 것을 알 수가 있다. 은유에 있어서 사람들은 무엇인가를 보았을 때 무의식적으로 유사성을 파악해서 다른 대상에 가져다 붙인다.

은유 속 유사성

'물고기의 날개'라는 은유를 보자. 물고기의 날개란 무엇일까? 지느러미다. 날개로 공기를 헤쳐 나가듯 지느러미로 물을 헤쳐 나가기 때문에 유사성이 있다. 이를 기능의 유사성이라고 한다.

유사성은 동일성이라는 말로 표현할 수 있다. 독일 철학자 가다머(Hans Georg Gadamer)는 유사성보다 동일성으로 번역하는 것을 더 선호했다. 새의 날개인데 물고기에다 날개를 가져다 붙인 것이 재현된 동일성이란 것이다.

날개와 지느러미 사이의 관계만이 아니라 새와 날개, 물고기와 지느러미까지도 보면 네 개의 항까지 관계가 확대가 된다. 이 비례관계가 '유비(類比), 아날로지(analogy)'다. 유비는 서로 다른 사물의 상호간에 대응적으로 존재하는 유사성 또는 동일성을 이르는 말이다. 은유는 단순히 유사성만 보지 않고 비례관계까지도 무의식적으로 포착한다.

이를 제일 잘 포착하는 사람이 시인이다. 모든 사물에서 유사성을 끌어내 은유로 표현하기 때문이다. 이때 은유는 넓은 범위의 은유다. 그 안에 환유도 포함되고 제유도 포함되고 직유도 포함된다.

앞에 들었던 예 중에 '바다의 꽃'을 유비관계로 보면 '꽃 대 들판', '말미잘 대 바다'라는 형태의 유사성이 있다.

아리스토텔레스는 《시학》에서 유비까지 포함해 은유를 다음과 같이 정의한다.

> 은유는 유(類)에서 종(種)으로, 혹은 종에서 유로, 혹은 종에서 종으로, 혹은 유비(analogy)에 따라 이름을 갖다 붙이는 것이다.
> – 아리스토텔레스, 《시학》 중에서

아리스토텔레스가 은유로 본 것은 유비만이 아니다. 《영혼론》을 보면 한 단어를 그 단어와는 다른 감각을 사용해서 표현하는 것도 은유라 했다. '뾰족한 소리'를 예로 들어보자. '뾰족하다'라는 말은 칼이나 쇠로 된 물건을 수식하는 촉각적인 표현인데 이

10매듭 은유적 인간 – 메타포라

것을 소리를 수식하는 말로 썼다. 이처럼 촉각을 소리라는 청각에 붙이는 것도 은유로 보았다.

'신경이 날카로워'도 은유의 한 종류다. '날카롭다'도 '뾰족하다'와 마찬가지로 사물을 수식하는 촉각적인 표현인데 신경에 갖다 붙였다. 신경은 내 안에 있는 마음으로 손으로 만질 수는 없다. '눈이 시리게 찬란하다'라는 문장도 '시리다'는 촉각인데 '눈'이라는 시각과 연관시킨 일종의 은유다. 이렇듯 감각이 다른 감각으로 넘어가는 것도 은유라 할 수 있다.

은유가 주는 긴장감

사람들은 왜 은유를 쓸까? 말에 긴장감을 주기 위해서다. 은유가 없는 말, 그냥 평범한 말만 계속 쓰면 말에 긴장감이 없다. 영화를 볼 때도 긴장감이 있어야 몰입해서 보게 되는 것처럼 단어 사이도 마찬가지다.

두 단어의 유사성이 너무 높으면 긴장감이 떨어진다. 반면에 유사성이 낮으면 긴장감이 높아진다. 왜 이런 말을 했을까 집중하게 된다. 은유를 많이 사용하는 시는 긴장감이 넘쳐서 뇌가 활성화 되고 그로 인해 개운함을 느끼기도 한다.

아까 했던 표현 중에 '말미잘은 바다의 꽃'과 '내 귀는 소라'라는 말 중 어느 것이 더 긴장감이 느껴질까? '내 귀는 소라'가 더 긴장감이 있다. 말미잘은 바다의 꽃이라는 은유는 형태의 유사성이라 긴장감을 많이 주지 않는다. 그러나 내 귀는 소라라고 하면 유사성이 낮기 때문에 긴장감이 높다.

1564년 볼로냐 출신의 해부학자 율리우스 카이사르 아란티우스(Julius Caesar Arantius)가 뇌의 한 부분에 '히포캄푸스(hippocampus)', '해마'라는 이름을 붙인다. 해마는 바다 속에 사는 생물이다. 뇌를 해부하면서 발견한 이 부분에 해마라고 이름을 붙였다는 것은 대단한 은유가 작용했다는 것을 알 수 있다.

히포캄푸스에서 '히포스(hippos)'는 '말'이고, 캄프토(campto)에서 온 '캄푸스(campus)'는 '주름'이다. 그러니까 아란티우스가 뇌의 한 부분을 봤을 때 주름이 많은 모습이 주름진 말과 유사해 히포캄푸스라는 이름을 붙인 것이다.

에어프랑스의 로고도 이 히포캄푸스에서 왔다. 그리고 2019년

* 샤를 나투아르, 〈암피트리테의 승리〉(1930년대)

　　　　　　　　10매듭 은유적 인간 – 메타포라

2월에 해왕성에 위성이 하나가 발견됐는데 그 위성의 이름도 히포캄푸스다. 왜 이렇게 했을까? 어떤 유사성이 있는지 호기심을 갖게 만든다.

그리스신 헤르메스는 라틴어로 하면 '메르쿠리우스(Mercurius)'고, 영어로 하면 '머큐리(Mercury)'다. 이 이름을 따서 수성은 영어로 '머큐리(Mercury)'고, 르네상스 후기에 발견한 액체금속 수은도 '머큐리(mercury)'다. 왜 머큐리를 수성과 수은에 붙였을까?

머큐리, 헤르메스는 경계를 넘나드는 신이다. 제우스의 메시지를 신들과 사람들에게 전달하는 전령의 신이다. 뿐만 아니라 상업의 신이기도 하다. 상업을 할 때 여러 지역을 오가기 때문에 그 다른 지역의 경계를 넘어가야 한다. 가장 중요한 일은 죽은 자를 스틱강을 건너 사후의 세계, 하데스로 가도록 인도하는 일이다.

* 경계를 넘나드는 신 헤르메스

액체에서 고체로 넘어가는 금속은 없는데 수은만 이 경계를 넘어간다. 경계를 넘어가는 특징 때문에 수은의 이름이 머큐리가된 것이다. 또 목성의 이름이 '주피터(Jupiter)', 즉 그리스어로 '제우스'다. 그 주피터의 메시지를 가장 가까이에서 전달하는 행성이라는 의미로 수성에 머큐리라는 이름을 붙였다. 모두 은유와 관련돼 있다.

✦ 소쉬르의 계열체와 통합체 ✦

고대 그리스에서는 은유에서 유사성을 끌어내는 능력을 중요하게 생각했다. 어떤 유사성을 상상하는지에 따라서 다양한 은유가 나타날 수 있기 때문이다. 아리스토텔레스가 모든 영역에서 유사성과 동일성에 대해 사고하는 것을 강조했음에도 불구하고 은유는 점점 수사학의 표현법들 중 하나로 영역이 줄어들었다.

그런데 포스트모더니즘과 함께 일대 반전이 이루어진다. 포스트모더니즘이 은유를 철학적 논의로 끌어올리는 전위대 역할을 하며 은유를 우리의 삶과 아주 밀접한 연관이 있다는 생각에 물꼬를 트이게 만든 것이다. 구조주의의 소쉬르, 야콥슨 또 정신분석학자였던 라캉이 그런 역할을 했다.

페르디낭 드 소쉬르(Ferdinand De Saussure, 1857~1913)는 언어에 구조를 이루는 두 축이 있는데, 하나는 계열축이고 또 하나는 통합축이라 했다. 조금 쉬운 이해를 위해 '카르페디엠(carpe

diem)'이라는 문장을 예로 들어서 설명해 보도록 하겠다.

　카르페디엠은 호라티우스(Horatius)의 서정시에 나오는 문구로 우리에게는 영화 〈죽은 시인의 사회〉의 대사로 익숙하다. 카르페디엠이라 하면 '시간을 잡아라', '시간을 즐겨라'라는 의미로 알고 있다.

　'카르페(carpe)'는 명령형인데 원동사는 '카르포(carpo)'라는 말이다. 카르포라는 동사의 의미는 '수확하다'이다. 그리고 '디엠(diem)'은 '디에스(dies)'의 목적격인데 영어의 '데이(day)'로 '날 또는 기간'이란 뜻을 갖고 있다. 원래 카르페, 카르포라는 말은 '열매, 결실, 곡식을 수확한다'는 의미로 쓰는 동사인데 '시간'에 쓰였다. 이것은 굉장히 은유적인 표현이다.

　호라티우스 시 앞뒤 구절을 보면 디엠을 '오늘'이라 번역해도 좋을 것 같다. 그래서 카르페디엠을 '오늘을 모으라' 이렇게 번역을 해보고자 한다. '오늘을 모으라'라고 할 때 '오늘'이란 말을 유사한 다른 말로 바꿀 수가 있다. '꽃을 모아라, 언어를 모아라, 정신을 모아라' 이런 식으로 말이다. '모으라'라는 말도 '가지 치라, 상상하라, 판매하라' 등으로 바꿀 수 있다. '오늘을 가지 치라, 오늘을 상상하라, 오늘을 판매하라.' 이렇게 바꿀 수 있다. 이것이 소쉬르가 말하는 계열체다.

'카르페디엠'에 '디엠'을 '오늘'이란 명사, '을'이라는 목적격 어미, 카르페를 '모으라'라는 명령형으로 보아 '오늘을 모으라'라고 전체적으로 생각하는 것을 통합체라고 한다.

❧ 야콥슨의 은유와 환유 ❧

소쉬르가 언어를 분석하면서 두 개의 구조로 되어 있다고 했다면 여기에 은유를 적용시킨 사람이 러시아 형식주의자 로만 야콥슨(Roman Jakobson, 1896~1982)이다. 야콥슨은 소쉬르의 언어학에다 문학을 결합시켰는데, 언어의 구조를 은유와 환유로 해석했다.

야콥슨은 연구를 하다 실어증 환자에 대한 이야기를 듣게 된다. 실어증 환자에는 두 종류가 있었다. 한 환자는 동의어를 대체할 능력, 바꿔 말하기를 하는 능력이 없어 말을 하지 못한다. 유사성을 찾아 단어를 바꿔 말해야 하는데 이를 못하는 것은 언어의 계열성이 없기 때문이다.

반면에 한 환자는 접속사를 모른다. 문장 A에서 문장 B로 넘어갈 때 '하지만, 그리고, 그러나, 그럼에도 불구하고' 등 접속사로 자연스럽게 연결시켜야 하는데 이걸 못 하니 다른 사람이 들으면 '왜 이 말 했다 저 말 했다 하지? 비약이 왜 이렇게 심하지?' 이렇게 생각된다. 접속사를 상실한 사람들은 인접성을 파악하지 못하고, 통합할 수 있는 능력이 없다. 유사성은 은유와, 인접성은 환유와 관련되어 있다.

⚬ 라캉의 증상과 욕망 ⚬

정신분석학자 자크 라캉(Jacques Lacan, 1901~1981)은 "증상은 은유이고 욕망은 환유다."라고 말한다. 왜 은유는 증상이고 환유는 욕망인가? 은유는 그 말을 직접적으로 하지 않고 무언가를 숨기고 다른 유사한 걸로 바꾸는 것이다. 어떤 사람이 평소에는 괜찮은데 시험을 앞두면 스트레스로 배가 아프다. 이 사람은 시험을 안 보고 스트레스가 없는 상황에서 생활하고 싶다. "시험 보기 싫어요."라는 말을 숨기고 위염이라는 증상으로 나타나는 것이다. 그래서 증상은 은유라고 본 것이다.

내가 A라는 사람을 사랑하는데 그 사람의 사랑을 온전히 받고 싶지만 받지 못한다. 사랑에 대한 결핍을 충족하기 위해 "반지 사줘, 가방 사줘, 향수 사줘." 이런 식으로 선물을 계속 바꿔가며 요구한다. 그래서 욕망은 환유인 것이다.

❧ 은유의 부활 ❧

인지언어학자 조지 레이코프(George Lakoff)는《삶으로서의 은유》에서 '인간 전체의 뇌의 구조가 은유로 구성되어 있다'고 했다. 이는 아리스토텔레스가 말한 은유의 본래 뜻을 회복하고 부활시키는 일이다. 조지 레이코프는 이전 은유의 틀을 깨고 더 넓은 영역으로 의미를 확장시켰다.

> 은유는 대부분의 사람들에게 시적 상상력과 수사적 풍부성의 도구 - 일상 언어의 문제라기보다는 특수한 언어의 문제 - 이다. 이 때문에 대부분의 사람들은 은유 없이도 잘 살 수 있다고 생각한다. 그러나 우리는 은유가 우리의 일상적 삶 - 단지 언어뿐만 아니라 사고와 행위 - 에 넓게 퍼져 있다는 것을 알게 되었다. 우리가 생각하고 행동하는 관점이 되는 일상적 개념 체계의 본성은 근본적으로 은유적이다.
>
> **– 조지 레이코프, 《삶으로서의 은유》 중에서**

은유는 개념의 이종교배라고 표현할 수 있다. 두 개의 다른 종이 서로 교배된 것, 이게 은유라고 생각한다. 전혀 연결되지 않을 것 같은 두 개의 종이 서로 연결되는 경우도 있다.

오정국 시인의 〈땡볕〉이란 시에 '죽음 하나가 길바닥에 뱀을 물고 신음하고 있다'라는 표현이 나온다. 아마 차에 깔린 뱀이 길에 있었나 보다. 그걸 보고 시인은 '뱀이 죽어간다'고 한 것이 아니라

* 트레비 분수에 조각된 해마를 탄 포세이돈

'죽음 하나가 길바닥의 뱀을 물고 신음하고 있다'고 완전히 다른 종류의 말을 결합해 표현한다. 다른 종류의 말이 이종교배 되면서 긴장감을 불러온다.

바다 속 생물, 포세이돈이 타고 다니는 말, 뇌 속에 측두엽에 구불구불한 주름진 부위, 해왕성의 위성까지 해마와의 유사성을 발견한 사람들의 대단한 상상력, 그게 있었기 때문에 모래알에서 우주까지 그 유사성과 통일성을 추론해낼 수 있었다.

은유를 통해 이러한 상상이 우리에게 늘 다가올 수 있다. 이러한 놀라운 은유가 삶을 더 새롭게 해줄 것이다.

원초적
생명

— 조에 —

조에
Zoe

원초적 생명력 ζωή

　　요즘 SNS에 사진을 많이 올린다. 아침에 일어나자마자 헝클어
진 모습이나 일상의 모습을 적나라하게 그대로 올리는 사람은 아

* SNS가 일상화된 현대인 ⓒ shutterstock

11매듭 원초적 생명 – 조에

마 없을 것이다. 근사한 음식을 먹는 모습이나 독서를 하는 모습 또는 근사한 풍경을 뒤로 한 모습 등 사람들이 보고 '좋아요'를 눌러줄 만한 그런 이미지들을 올린다.

여기서 가만 보면 헝클어지고 적나라한 모습과 멋진 모습이 대립을 이룬다. 예전 그리스 사람들은 대립되는 모습을 그저 모습이 아니라 서로 다른 생명이라고 보았다.

그리스 비극작가였던 에우리피데스(Euripides)는 적나라한 생명과 사회에 길들여져서 사람들이 좋아할 만한 생명을 나누었다. 그는 적나라한 생명을 '조에(zoe)'라고 하고, 사회에 맞춰진 생명을 '비오스(bios)'라고 했다. 조에는 영어 단어 '동물원(zoo)', '동물학(zoology)'에서 나타나고, 비오스는 '생물학(biology)'에서 그 형태가 남아있다.

당신에게는 어떤 생명이 있나? 생명력이 넘치는 원초적 생명인가 아니면 사회에 길들여진 생명인가?

호모 사케르, 벌거벗은 생명

적나라한 생명을 더 노골적으로 '벌거벗은 생명'이라 표현하는 학자가 있다. 현대 철학자 조르조 아감벤(Giorgio Agamben)이다. 그는 벌거벗은 생명과 사회에 맞춰진 생명을 적대적으로 대립 시킨다.

《호모 사케르》에서 조에, 벌거벗은 생명과 사회장치를 통해서

맞춰진 생명, 비오스가 있다고 이야기를 한다. 인간은 사회장치를 통해 사회의 시선이나 타인의 기준에 자신을 맞춰 나간다. 이것이 비오스의 생명이다. 사회에서 원하는 비오스로 나를 제약하는 것, 그것은 결국 나에게 있는 원초적인 생명력을 억압하는 것이다. 아감벤은 억압된 생명 때문에 여러 문제들이 생긴다고 보았다.

'호모 사케르(homo sacer)'는 라틴어로 '호모(homo)'는 '인간, 사람'이란 뜻이고, '사케르(sacer)'는 '거룩한, 성별(聖別)된, 신에게 받쳐진'이란 뜻이다. 그런데 호모 사케르는 거룩하고 존경하는 사람이란 의미로 사용하는 것이 아니라 반어적인 용법으로 사용되었다. 로마시대에는 죄인을 경계지역으로 몰아넣고 사회로부터 격리시키고 시민으로서의 권리를 빼앗았다. 이들을 호모 사케르라 불렀다.

아감벤은 사회로부터 격리되어 권리를 박탈당하고 사회 생명이 없는 상태라 해서 조에, 벌거벗은 생명이라고 했다. 그런데 사회로부터 격리되었다고 해서 권력으로부터 완전히 벗어난 것은 아니다. 주권자가 계속해서 그 사람들에게 권력과 폭력을 행사한다. 추방된 자는 권리에서는 배제됐지만 그럼에도 불구하고 자기들을 격리시킨 자의 권력을 따를 수밖에 없다.

내가 직장생활을 열심히 했지만 직장상사의 불합리한 대우 때문에 힘들어서 직장을 그만뒀다고 하자. 그래서 이제 자유로워졌는지 알았는데 계속 직장상사가 내 삶에 영향을 미친다면 얼마나 불행한가. 호모 사케르도 이와 비슷하다. 사회로부터 격리되어 멀리 갔음에도 불구하고 평생을 사회의 권력에 좌우되는 사람들. 그래서 아감벤은 호모 사케르는 불행한 사람들이라고 이야기를 한다.

﹌❀ 할 수 있으나 하지 않음 ❀﹌

그렇다면 호모 사케르에게는 아무 희망도 없는 것인가? 아감벤은 이렇게 격리된 사람들에게 새로운 희망을 준다. 그 근거가 바로 조에에 있는 원초적인 생명력이다. 아감벤은 벌거벗은 생명의 형태이지만 자신들을 규정하고 억압하고 있는 권력으로부터 벗어날 수 있는 가능성을 조에라는 생명력 안에서 찾았다.

아감벤은 '아뒤나미아(ἀδυναμία)' 상태가 될 때 권력으로부터 자유로워질 수 있다고 말한다. 그리스어 아뒤나미아를 거칠게 번역하면 '할 수 있으나 하지 않음'이다. 아(ἀ)는 부정어이고, 뒤나미아(δυναμία)는 뒤나미스(δύναμις)에서 온 말로 뒤나미스는 '능력'이라는 말이다. 영어에서 다이너마이트가 이 뒤나미스에서 온 것이다. 능력은 폭발력이 있다.

격리상황 속에서도 호모 사케르가 조에의 삶을 살 때 가질 수 있는 것이 아뒤나미다. 부정어 '아(ἀ)'는 '못하다'가 아니라 '할 수 있지만 하지 않는다'는 의미다. 능력을 발휘할 수 있지만 하지 않는다. 즉 가능하지만 활동하지 않는 상태로 있다는 것이다.

이를 아감벤은 우리가 잘 아는《모비딕》의 작가 허먼 멜빌(Herman Melville)이 쓴《필경사 바틀비》라는 소설을 예로 들어 설명한다. 법률 사무소를 운영하던 변호사는 바틀비를 필경사로 채용한다. 필경사는 법률 서식을 베껴 적는 사람이다. 먼저 채용한 필경사들 때문에 골치가 아팠던 변호사는 묵묵히 일을 하는 바틀비를 보고 기뻐한다.

사흘째 되는 날 변호사는 바틀비를 불러 필사본을 검증해 달라 한다. 그런데 바틀비의 반응이 놀랍다.

바틀비가 그의 은둔처에서 나오지 않고 매우 상냥하면서 단호한 목소리로 "안 하는 편을 택하겠습니다"

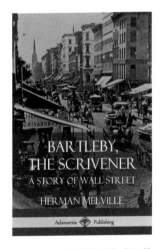

* 허번 멜빌의《필경사 바틀비》

라고 대답했을 때 내가 얼마나 놀랐을지, 아니 당황했을지 한번 상
상해보라.

— 허먼 멜빌, 《필경사 바틀비》 중에서

"I would prefer not to(나는 안 하기가 좋다, 나는 안 하는 편을 택
하겠다)."라는 바틀비의 말은 '나는 할 수 없습니다'를 의미하는 것
이 아니라 할 수 있지만 하지 않음을 선택했다는 말이다. 아감벤
은 이것이 바로 '아뒤나미아'라고 설명한다.

재야에 많은 고수들이 있다. 이 사람들은 무능력자가 아니라 능
력은 있지만 활동하지 않는 사람이다. 순수하게 자기가 하고 싶
은 연구를 하고 자기가 관심 있는 것에 더 전문적인 사람이 되기
위해서 명예, 인기, 돈, 권력 등 다른 것들을 포기한다. 이들이 바
로 순수한 생명력을 유지하는 사람들이다.

✤ 주체성과 자기배려 ✤

격리되는 것은 사실 불행한 일이다. 격리 속에서도 원초적인 생
명력을 유지하는 이유는 무엇인가? 주체성과 자유를 얻기 위해
서다. 주체성과 자유가 있는 사람은 사회에 길들여지는 것을 싫
어한다. 비오스, 길들여진 생명이 되기보다 주체성과 자유를 위해
원초적인 생명이 되는 길을 선택한 것이다.

미셸 푸코(Michel Foucault)는 《주체의 해석학》에서 주체성에

대한 생각을 밝혔다. 학자들은 아감벤이 푸코의 생각을 이어받은 것으로 추측한다. 미셸 푸코는 '권력이 지식이다'라는 명언을 남겼는데, 권력이 지식이기 때문에 지식체계 안에 들어가는 것 자체가 권력의 영향에 빠지는 것이라고 생각했다. 그래서 말년에는 '어떻게 해야 인간의 주체성을 회복할 수 있느냐'에 천착했다.

미셸 푸코는 플라톤의 대화편인 《알키비아데스》에 나오는 '에피멜레이아 헤아우투(ἐπιμέλεια ἑαυτοῦ)'를 《주체의 해석학》에 인용한다. 이 말은 라틴어로 'cura sui'라 번역되어 스토아학파에게 큰 영향을 미쳤다. 영어로 하면 'care of oneself'이다.

'에피멜레이아 헤아우투'를 번역하면 '자신에 대한 배려', '자기 배려'라고 할 수 있다. 그리스어의 에피멜레이아는 배려라는 뜻만이 아니라 양육, 관리, 경영 심지어 경청이란 의미도 담고 있다.

* 그리스 철학자 플라톤

11매듭 원초적 생명 - 조에

그래서 '내 자신을 배려한다'는 것은 내가 내 자신을 양육하고 관리하고 경영하고 내 안의 소리를 듣는 것까지 포함한다.

푸코는 플라톤의 《알키비아데스》에서 찾아낸 자기 배려의 개념을 시대마다 연결해 가면서 인간에게 필요한 주체성에 대해 자문한다. 그리고 아감벤은 그리스 플라톤에서부터 얘기되던 자기배려를 끌고 온 푸코의 영향을 받아 이를 원초적인 생명과 연결시킨다. 그리고 사회에 맞추지 않는 생명을 유지하는 것이 오늘날 필요하다고 주장한다.

조에를 잃은 삶

아감벤이 보았을 때 능력은 내가 소유하고 있지만 사회에 맞추려고 하면 잘못된 권력에 길들여진다. 그러면 권력의 기준에 제약되는 삶을 살게 되기 때문에 그것으로부터 벗어나야 생명력이 계속 움트고 양육되고 성숙될 수 있다.

요즘 SNS를 예로 들면 남들이 괜찮게 생각할 만한 이미지를 만들려고 수십 번 사진을 찍고 골라 올리다 보면 지친다. 잘 다듬어지지 않은 모습이라도 나의 모습을 솔직하게 그냥 올리고 싶지만 이것저것 신경 쓰다 보면 결국은 SNS에 흥미를 잃게 된다.

이것을 아감벤 식으로 보면 조에를 잃는 것이다. 조에가 없으면 열정도 사라진다. 열정이 없는 상태에서 할 수 있는 것은 권력에 의존하는 일뿐이다. 나중에는 사회에 길들여져 부당한 일도 일상화될 수 있다.

조에가 없어지는 이유는 무엇일까? 그것은 가상화 때문이다. 비오스에만 집중을 하면 좋아 보이지만 사실 조에 없는 비오스인 것이다. 조에도 생명이고 비오스도 생명이니 생명 없는 생명인 셈이다.

조에 없는 비오스, 생명 없는 생명이라고 할 때 하나의 형식이 보인다. 'A 없는 A', 이것을 일반적으로 가상화 형식이라고 하는데, 철학자 슬라보예 지젝(Slavoj zizek)이 가상화를 설명할 때 이 도식을 사용했다.

예를 들면 이런 것이다. 조종사가 비행기를 타고 훈련을 해야 되는데 맨 처음부터 비행기를 무조건 조종하지 않는다. 기기를 이용해 가상으로 운전을 한다. 이게 비행 없는 비행, 가상화다. 또 어떤 이들은 사랑 없는 사랑을 한다. 사랑을 하면 열정을 쏟아야 하고 마음이 아프기도 하기 때문에 사랑 없는 사랑을 한다.

비행 없는 비행, 사랑 없는 사랑, A 없는 A라고 할 때 앞에 있는 대상과 뒤에 있는 그 대상은 다른 존재다. 조에 없는 비오스를 생명 없는 생명이라 하지만 앞에 있는 생명과 뒤에 있는 생명은 의미가 다르다.

우리 주위에는 이런 가상화가 가득하다. 알코올 없는 와인, 니코틴 없는 담배, 칼로리 없는 음식, 향이 없는 시금치, 향이 없는 딸기. 'A 없는 A', 이 모든 것이 가상화다. 그러다 보니 어떤 이는 느끼지 않고 아파하지 않고 온몸으로 열정을 쏟지 않는 상태에서도, '나는 비행했어, 나는 사랑했어, 나는 술 마셨어, 나는 음식 많이 먹었어', 이렇게 이야기한다.

✧❴ 가상화에 빠지는 이유 ❵✧

그런 의미에서 볼 때 조에 없는 비오스도 일종의 가상화라고 볼 수 있다. 왜 이러한 가상화에 빠지게 될까? 이유는 딱 하나다. 그래야 과잉생산과 과잉소비가 가능하기 때문이다.

사랑 없는 사랑을 해야 과잉연애를 마음껏 할 수 있다. 사랑해도 아프지 않으니 아무나 사랑할 수 있다. 아픔을 느끼지 않으니 가벼운 사랑을 수없이 하게 된다. 취하지 않아야 와인을 배가 부를 정도로 계속해서 소비할 수 있다. 한병철 교수는 《피로사회》에서 이렇게 이야기한다.

> 과잉생산, 과잉가동, 과잉커뮤니케이션, 과잉상품, 과잉언어, 과잉탐식, 과잉종교가 초래하는 이른바 '긍정성의 폭력의 세기'다. 긍정성이 좋지 않다는 것은 또 하나의 폭력이다.
> — 한병철, 《피로사회》 중에서

가상화에 빠지고, 사회에 길들여진 생명 속에 있을 때 모든 걸 긍정해서 과잉으로 빠지게 되는데 그건 결국 폭력이라는 것이다. 아감벤은 이러한 삶을 '박탈의 삶'이라고 말한다.

생명이 박탈되는 것, 조에가 없어지는 첫 번째 이유가 가상화라고 한다면 두 번째 이유는 망각이다. 가상화보다 더 무서운 게 망각이다.

이 망각과 관련한 그리스어가 '알레테이아(ἀλήθεια)'다. 알레테이아는 '진리, 진실' 이렇게 번역한다. 아(à)는 앞에서도 얘기한 '~가 없는'이란 부정어이고, 레테(lethe)는 그리스 신화에서 망각의 강이자 여신이다. 알레테이아라는 말을 그대로 해석하면 '망각이 없는 상태'라는 의미인데 어떻게 진리, 진실이란 의미가 된 것일까?

그리스 신화에서는 사람이 세상에 태어나기 전에 실제의 삶을 모두 볼 수 있는 높은 경지에 있다고 한다. 그걸 이데아의 세계에 있었다고 한다. 그러다가 이 땅에 태어날 때 강을 하나 건너는데 그게 레테, 망각의 강이다. 망각의 강을 건너가면서 이전 이데아 세계에서의 기억을 모두 잊어버린다.

* 귀스타브 도레,
　〈망각의 강 레테를
　순례하는 단테〉

11매듭 원초적 생명 – 조에

이 세상에서는 망각한 상태로 살기 때문에 이전의 것을 다시 기억해야 한다는 것이 플라톤의 상기설(想起說, Anamnesis)이다. 다시 말해 인간은 이 땅에 망각된 상태로 있기 때문에 진리, 진실이라는 것은 망각이 없는 상태로 돌아가는 것이다. 그래서 알레테이아, 망각이 없는 상태가 진실이고 진리다.

⟨ 감각하는 몸 ⟩

사랑 없는 사랑, 알코올 없는 와인, 동전 없는 화폐, 칼로리 없는 음식, 이런 가상화는 망각하지 말아야 됨에도 불구하고 망각하기 위한 것이다. 사람은 이전의 실수에 대해 잊지 말아야 동일한 실수를 하지 않는다. 내가 연애를 하다 했던 실수, 사람과 관계를 맺다 했던 실수, 일을 하다 했던 실수 등 이런 것을 기억해 내고 '아, 이제는 그렇게 살지 말아야지' 해야 한다. 그런데 가상화로 실제로 아파하고 느끼고 감각하지 않기 때문에 이런 것을 별로 중요하게 여기지 않는다.

기억을 하기 위해서는 우리의 몸이 감각하는 것이 중요하다. 감각하는 몸이 필요하다. 외형적으로 멋있고 물리적으로 완벽한 몸이 중요한 것이 아니라 감각하는 몸, 기억하는 몸이 필요하다.

가상에 머물지 않으려면 감각을 키워야 하고, 그러기 위해서 우리의 몸을 '조에'에 맞추고 있어야 한다. 이것이 아감벤이 말한 '아뒤나미아'다. 모든 걸 내가 다 감각할 수 있고, 원초적 생명 안

* 우리는 태어날 때부터 감각한다 ⓒ shutterstock

에서 나의 인간됨을 알고, 이 세상을 망각 없이 사는 것, 이것이 아감벤이 '할 수 있지만 할 수 없음'이라고 말한 요지이다.

신체성은 가상화 속에서도 잊지 말고 계속 붙잡아야 될 중요한 포인트다. 우리의 신체는 날 때부터 감각하기에 익숙하다. 엄마가 아기를 부드럽게 쓰다듬으면서 '자장자장 우리 아기 잘도 잔다' 자장가를 부르면 아이는 엄마의 소리에 맞춰서 눈을 스르르 감고 잠이 든다. 몸이 소리를 감각하면서 함께 움직이는 것이다.

우리의 모든 삶 자체가 사실은 이러한 감각에 함께 반응하며 살게끔 돼 있다. 그런데 어느덧 조에를 잃어버리고 감각을 느끼지 못한 채 비오스에 따라 살고 있는 것 같다.

11매듭 원초적 생명 – 조에

르네상스, 몸을 감각하다

'구상적(具象的) 언어'는 정신과 마음에 대한 현상을 우리 몸에 있는 신체의 기관에 비유해 표현하는 언어이다. 예를 들어 사랑을 표현할 때 보통 '하트'를 사용하는데, 하트는 심장을 말한다. 사랑을 심장으로 표현하는 것, 이게 구상적인 표현이다.

'멜랑콜리하다'는 '우울하다'는 의미로 쓰는데 이 말은 그리스어 '멜랑콜리코스(melancholikos)'에서 왔다. 멜랑(melan)이란 말은 '검은'이란 뜻이고, 콜리코스(cholikos)라는 말은 '담즙'이란 뜻이다. 담즙이 검은 것이 왜 우울할까? 고대 그리스인은 우리 몸 안에 있는 담즙이 검어지면 우울증이 생긴다 생각했다.

우리도 간과 쓸개를 활용한 표현이 많다. 겁이 난다는 의미로 '간담이 서늘하다'는 표현을 쓰는데, 이 간담이 간과 쓸개다. '간담이 서늘하다, 간담이 내려앉다, 간담을 털어놓다' 등 간과 쓸개는 여러 표현에 활용된다.

고대 그리스에서는 마음과 정신을 대신하여 몸을 활용한 표현을 쉽게 발견할 수 있다. 그리고 이런 신체 감각에 대한 관심은 르네상스 시대에 다시 살아난다. 1346년부터 3년 동안 흑사병을 겪고 난 후 르네상스 시대가 되면서 신체에 대한 인식이 바뀌며 감각하는 신체에 대해 관심을 갖기 시작한다.

우선은 문학에서 나타난다. 보카치오의 《데카메론》을 보면 이전 소설이나 문학에서 표현하지 못했던 신체에 대한 적극적인 표현이 등장한다. 금서 조치를 해야 되는 거 아니냐는 반응이 나올

* 16세기에 그려진 예수의 모습과
미켈란젤로가 그린 예수

11매듭 원초적 생명 – 조에

정도로 적나라한 신체의 묘사들은 '신체가 감각되고 있다'는 당시의 분위기를 강하게 보여주는 증거라 하겠다.

이런 풍조는 그림에서도 나타난다. 특히 미켈란젤로의 〈최후의 심판〉이 그렇다. 이 그림 때문에 미켈란젤로는 사람들에게 엄청난 비난을 들었다. 그림의 가운데에서 심판하는 분이 예수 그리스도인데 이전 중세에는 예수를 삐쩍 마르고 가냘픈 모습으로 표현했다면 미켈란젤로의 예수는 우람하고 체격이 좋을 뿐만 아니라 만들기 어렵다는 복근까지 있다.

미켈란젤로의 또 다른 그림 〈피에타 드로잉〉은 예수 그리스도가 죽은 후 죽은 예수를 일으켜 세우는 모습을 그린 것인데 여기도 예수가 체격이 좋다. 미켈란젤로는 사람들이 강조하지 않았던

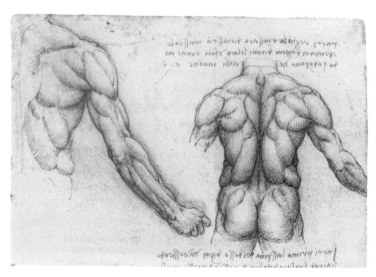

* 레오나르도 다빈치의 신체 스케치

신체성을 확실하게 부각시키는 일을 시도한 것이다.

미켈란젤로보다 뒤에 활동한 레오나르도 다빈치의 신체 스케치를 보면 등근육을 우락부락 돌출돼 있는 모습으로 표현했다. 여기서도 신체성을 감각한 것을 엿볼 수 있다. 르네상스 시대가 조에, 감각하는 몸, 감각하는 생명, 원초적 생명에 관심을 가지면서 무언가 이전과 다른 새로움이 움트고 있다는 것을 직감적으로 느낄 수 있다.

❧ 삶에 열정을 쏟기 위해 필요한 것 ❧

신체는 인지에도 영향을 미친다. 조지 레이코프와 마크 존슨이 함께 쓴 《몸의 철학》에서 몸의 감각이나 움직임이 인지구조에 영향을 미친다는 '신체화된 마음' 이론을 주장했다.

> 마음과 두뇌의 과학인 인지과학은 그 짧은 역사를 통해 엄청난 성과를 얻었다. 그것은 우리 자신을 더 잘 알 수 있고, 우리의 신체적 존재, 즉 살, 피, 근육, 호르몬, 세포, 시냅스와 세계 안에서 우리가 매일 부딪히는 모든 것이 어떻게 현재의 우리를 만들어 주는지를 이해할 수 있는 방식을 제공해 주었다.
> – 조지 레이코프, 마크 존슨, 《몸의 철학》 중에서

조지 레이코프와 마크 존슨은 이성은 신체화되어 있다며 신체

와 완전히 분리된 이성 능력은 존재하지 않는다고 했다. 그래서 몸의 중심성을 회복하는 것, 잃어버린 신체를 회복하는 것의 중요성을 강조한다. 가상화되는 세상 속에서 나의 신체를 감각하고 그리고 모든 주위의 것을 감각하려 노력할 필요가 있다.

아감벤은 오늘날처럼 폭력과 권력이 있는 시대에 잃어버린 조에를 찾아서 벌거벗은 생명과 대면해야 바로 설 수 있다 하였다. 이것도 중요하지만 삶에 열정을 쏟기 위해서라도 이 원초적 생명, 조에로 살아가는 그 생명이 필요하다.

끝으로 이 원초적 생명으로 살고 있는 한 생명을 묘사한 성석제의 소설 〈몰두〉의 한 대목을 소개하고자 한다.

개의 몸에 기생하는 진드기가 있다. 미친 듯이 제 몸을 긁어대는 개를 붙잡아서 털 속을 헤쳐보라. 진드기는 머리를 개의 연한 살에 박고 피를 빨아먹고 산다. 머리와 가슴이 붙어있는데 어디까지가 배인지 꼬리인지도 분명치 않다. 수컷의 몸길이는 2.5밀리미터, 암컷은 7.5밀리미터쯤으로 핀셋으로 살살 집어내지 않으면 몸이 끊어져버린다. 한번 박은 진드기의 머리는 돌아 나올 줄 모른다. 죽어도 안으로 파고들다가 죽는다. 나는 그 광경을 몰두(沒頭)라 부르려 한다.

– 성석제, 〈몰두〉 중에서

이러한 강인한 끈기와 몰입이 있는가? 내 몸이 절단 나더라도 열정을 불사를 그러한 생명력, 이것이 지금 우리에게 필요하다. 이러한 생명력이 결국은 우리를 자유롭게 하기 때문이다.

12매듭

진정한
아름다움이란

– 데쿠스 –

데쿠스
Decus

영예, 자랑, 장식

생활 속에서 '미니멀리즘(Minimalism)'이 유행한다. 불필요한 것은 정리하고 필요한 것만 남긴다는 미니멀리즘은 최소한의 소비와 소유를 통해 일상의 단순화를 추구한다. 이 미니멀리즘은 '데쿠스(decus)'에서 왔다. 데쿠스는 '영예, 자랑, 칭찬'이란 의미다. 아울러 '장식, 아름다움, 멋, 어울림'이란 의미도 있다.

'데코레이션(decoration)'도 데쿠스에서 왔다. 데코레이션이 장식이란 의미로 많이 쓰이기 때문에 데쿠스도 장식이란 의미가 먼저 떠오른다. 장식이란 데코레이션과 간결함이란 미니멀리즘, 이 두 단어가 어떻게 데쿠스라는 같은 단어에서 나오게 된 것일까?

방어하기 위한 데쿠스

영국의 1578년도 동전의 가장자리를 보면 라틴어가 새겨져 있다.

'decus et tutamen in armis'

데쿠스 에트 투타멘 인 아르미스. 이 말은 로마 서사시인이었던 베르길리우스(Vergilius)의 《아이네이스》 5권에 나오는 유명한 문구다. '인 아르미스(in armis)'는 '무장을 한'이라는 뜻이고, '투타멘(tutamen)'은 '방어'라는 뜻이다. 이 문장을 거칠게 번역하면 '무장용 장식과 방어'다. '이사일의(헨디아디온, hendiadys)'이라는 수사적 표현으로 본다면 '방어하기 위한 장식' 또는 '방어하기 위한 데쿠스'다. 방어와 장식을 따로 보지 않는다는 것을 알 수 있다.

* 동전에 새겨진 데쿠스(decus) ⓒ shutterstock

* 무장한 그리스 전사

　그럼 싸울 때 특별히 방어를 하기 위한 장식은 어떤 것일까? 모르긴 몰라도 한 가지 확실한 것은 덕지덕지 무거운 무장은 분명히 아니었을 것이다. 자기의 생명을 지키기 위해서 가벼우면서 정말 필수적인 것으로만 장식했음이 틀림없다. 싸우러 가는 사람이 장식품이 주렁주렁 매달려 있으면 오히려 싸울 때 방해가 되니까 말이다.

　데쿠스는 장식은 장식이지만 적합성이 기반이 되는 장식이다. 어떤 대상이 '적합하다, '적합하지 않다'라고 판단하는 기준은 무엇일까? 대상을 사용하는 목적이다. 내가 몸에 데쿠스를 갖추는데 이 데쿠스의 목적은 싸우러 갈 때 필요한 것을 갖추는 것이다. 이때 데쿠스는 전쟁을 한다는 목적에 적합해야 의미가 있다.

키케로의 다섯 가지 표현 덕목

키케로는 《연설가에 관하여》라는 책에서 적합성에 대해 이렇게 이야기한다.

삶에서와 같이 내 말 속에서 가장 어려운 것은 어떠한 경우에 적절한 것이 무엇인지를 아는 것이다. 그리스인들은 그것을 '프레폰(prepon)'이라 하지만 우리는 그것을 적절성이라 부를 것이다.

– 키케로, 《연설가에 관하여》 중에서

키케로는 적절성 또는 적합성을 옛 그리스인들이 사용했던 단어 '프레폰(prepon)'이라 소개한다. 키케로가 적합성을 사용

* 체사레 마카리, 〈연설하는 키케로〉(1889)

하는 맥락은 무엇일까? 보통 수사학에는 '표현의 능력(virtutes elocutions)'이라고 하는 표현을 위해 필요한 덕목이 있다. 키케로는 이 덕목으로 다섯 가지를 꼽는다.

첫 번째가 신빙성, 두 번째가 명료성, 세 번째가 적합성, 네 번째가 장식성, 다섯 번째가 간결성이다. 세 번째 적합성이 데쿠스다. 여기서 보면 장식성은 네 번째 요소로 따로 있다. 그러면 우리가 데쿠스를 데코레이션의 뿌리어로 장식이란 의미로 생각을 했는데 장식의 의미가 아님을 알 수 있다. 장식은 또 다른 말로 표현하고 있으니 말이다.

그럼, 키케로가 꼽은 표현의 다섯 가지 덕목에 대해 하나씩 알아보자. 첫 번째가 퓨리타스(puritas), 신빙성이다. 내가 하는 말이나 글이 믿을만한 사실임이 드러나게 하는 것, 이게 퓨리타스다. 두 번째, 페르스피퀴타스(perspicuitas), 명료성이다. 글을 쓸 때 간결하게 써야 되는데 간결하게 못 쓰는 것은 표현력이 부족하기 때문이다.

세 번째가 압툼(aptum) 또는 데코룸(decorum), 적합성이다. 적합성은 최소한의 것만을 갖추어 가장 큰 효과를 낼 수 있는 글을 쓰는 것이다. 장황하게 쓰는 것이 아니라 필요한 단어로 필요한 문장만 쓰는 것을 적합성이라 했다.

네 번째는 오르나투스(ornatus), 장식성이다. 우리는 데코레이션, 데쿠스를 장식이라고 생각하는데 키케로는 장식성을 오르나투스라고 했다. 꾸미고 장식하는 것은 적합성과 다른 의미이기 때문에 오르나투스를 다른 항목으로 두었다.

다섯 번째는 브레비타스(brevitas), 간결성이다. 필요한 것만 설명하는 것이다. 페르스피퀴타스, 명료성과는 조금 다른 의미로 명료성은 복잡하지 않고 간단하고 분명해야 된다는 것이고 간결성은 청자가 무엇을 필요로 하는지 파악해서 필요한 것만 설명하는 것이다.

페르스피퀴타스가 화자의 논리 전개를 위해 필요한 것인 반면, 브레비타스는 청자의 이해를 위해 필요한 것이 무엇인지를 숙고하는 것이다. 강사가 좋은 얘기를 간단하게 정리해서 말한다고 하지만 수강생들이 그 간결한 이야기를 이해하지 못한다면 브레비타스가 없는 것이다. 간결하긴 간결하지만 청자가 필요로 하는 간결성이 아니기 때문이다.

✦⸙ 적합성과 장식성의 차이 ⸙✦

키케로의 다섯 가지 표현 덕목에서 분명하게 드러나듯이 적합성과 장식성은 다르다. 그래서 데쿠스라고 할 때 장식으로 이해하기보다는 적합성으로 이해해야 한다. 추상적인 말만 늘어놓는 것보다는 하나의 구체적인 예를 드는 것이 청중을 감동시키기 쉽다. 그런 의미에서 적합성은 장식성과 구분된다. 장식성은 말을 할 때 꾸미기 위해서 이것저것 추가하는 것이라면, 적합성은 간단한 예 하나, 적합한 단어 하나로 감동을 주는 것이다.

그렇다면 구체적으로 적합함을 위해서 무엇에 주의해야 할까?

이야기를 듣는 사람은 직업도 다르고 직위도 다르고 세대도 다르다. 그리고 어느 장소에서 하는지, 어느 시간대에 하는지에 따라서 각각 다른 방식으로 반응을 한다. 그래서 설득하는 방법도 달라야 된다. 다양한 방식으로 대중들에게 적절한 말로 이야기할 수 있는 것, 이게 바로 적합한 것이다.

화자는 동일한 이야기도 만나는 사람의 직업, 직위, 세대, 장소, 시간에 따라서 다르게 한다. 같은 주제를 말하더라도 청자는 계속 바뀌는 데 항상 동일한 이야기를 한다면 적합성이 없는 것이다.

그리스에서 수사학이 발달한 이유

이쯤에서 '도대체 수사학(修辭學)이 무엇인가?'라는 의문이 들 것이다. 앞에서도 계속 수사학에 대해 이야기를 조금씩 했는데 수사학이 어떻게 발전하게 되었는지 간단하게 설명해 보겠다.

수사학은 그리스어로는 '레토리케(rhetorike)', 영어로는 '레토릭(rhetoric)'이라 하는 학문(학예)이다. 레토리케는 '웅변의', '웅변가'라는 의미다. 수사학은 다른 사람을 설득하고 그에게 영향을 끼치기 위한 언어 기법을 연구하는 학문인데, 고대부터 문법, 논리학과 함께 3대 중요 과목으로 여겨졌다. 아리스토텔레스는《수사학》이라는 책을 남기고, 키케로는《연설가에 관하여》라는 책을 남길 정도로 수사학을 중요하게 생각했다.

아리스토텔레스가 책을 쓰기 훨씬 이전에 수사학이 탄생했는데, 기원전 476년에 아테네에서 수사학이 시작이 되었다고 추정한다. 당시 아테네는 델로스 동맹을 이끄는 강력한 도시국가였다. 그래서 델로스 지역에 살던 사람들, 특히 소송과 관련된 사람들이 아테네에 몰려들었다. 아테네에 수사학자, 연설가 또는 법정 안에서 변호를 하는 사람들이 많아 그들의 변론을 받아 소송에서 이기기 위해서였다.

그런데 아테네도 수사학을 자체적으로 만든 것이 아니라 시칠리아에 있는 시라쿠사(Siracusa)로부터 들여왔다. 시라쿠사는 아테네에 수사학이 시작할 즈음 이미 굉장히 발달한 상태였다. 시라쿠사가 아테네보다 일찍 수사학이 싹트게 된 이유가 따로 있었다. 시라쿠사의 정치체제는 일찍이 강력한 권력을 가진 한 사람에 의해 나라가 운영되는 참주정에서 모든 시민이 권리를 행사하는 민주정으로 바뀌었기 때문이다. 그러면서 사유재산 반환 소송이 일어나게 된다.

시라쿠사는 민주정이 되면서 참주를 비롯해 몇 명의 권력자가 가지고 있던 땅을 시민들에게 돌려주었다. 이 과정에서 누구에게 어떻게 땅을 돌려주느냐의 문제로 소송이 벌어졌다. 당시 시라쿠사의 법정은 배심원들이 판결을 했다. 배심원은 적으면 201명 정도였고, 많으면 1001명까지 되었다.

수많은 배심원 앞에서 소송에 대한 법적인 논쟁이 붙는데, 배심원이 많아질수록 쟁점을 다 따지는 것이 아니라 몰표가 나오는 현상이 벌어졌다. 그래서 변론을 좀 더 전문적으로 해야겠다는 움직임이 생기게 된다.

* 살바토르 로사, 〈데모크리토스와 프로타고라스〉(1600년대)

그때 프로타고라스(Protagoras)가 논쟁이 붙었을 때 짧은 응수로 맞서는 수사학을 도입하게 된다. 프라타고라스는 최초의 소피스트로 불리는 철학자로 '인간은 만물의 척도다'라는 명언을 했던 사람으로 알려져 있다. 그는 제자들에게 상반된 두 관점을 가지고 이렇게도 변호해 보게 하고 저렇게도 변호해 보도록 하면서 논증을 열심히 가르친다.

수사학은 이러한 과정을 거쳐 아테네에서 융성하게 된 것이다. 그러던 중 수사학에 대한 관심이 획기적으로 변화하는 상황이 발생한다. 그리스 비극 내용에 법정 소송이 들어간 것이다.

꧁ 그리스 비극으로 들어온 수사학 ꧂

그리스 3대 비극시인으로 아이스킬로스(Aeschylos), 소포클레스(Sophocles) 그리고 에우리피데스(Euripides)를 꼽는다. 지금까

지 남겨진 소포클레스의 비극 작품은 〈아이아스〉, 〈안티고네〉 등 7편인데, 7편 중 5편에 법정 논쟁의 형식이 나타난다. 에우리피데스의 작품은 18편이 남아 있는데 그중에서 12편에 법정 논쟁의 형식이 나타난다.

* 소포클레스

이는 무엇을 의미할까? 당시 그리스는 수사학의 법정 논쟁이 인기가 많았다는 것이다.

아테네에서 시민들을 교육할 때 비극을 상연했던 이유도 추측이 가능하다. 양편으로 나뉘어서 법정에서 논쟁을 벌일 때 관객들은 '이게 맞을까? 저게 맞을까?' 계속 이성적으로 판단의 근거를 따지기 때문이다. 그래서 그리스 시민들은 특히 비극을 좋아했던 것이다.

소포클레스는 초기에 배우로 활동을 했지만 성대가 약해 결국 포기했다. 작가로서 28세 때 처음으로 비극 경연대회에서 우승을 한 후 총 18회(일설에는 24회) 우승했고, 123편의 작품을 쓴 것

* 샤를 프랑수와 잘라베르, 〈오이디푸스와 안티고네〉(1842)

12매듭 진정한 아름다움이란 – 데쿠스

으로 기록되어 있다. 그는 상연 형식에 대해 많은 연구를 했는데 그 전까지 배우 두 명이 연기하던 것을 세 명으로 늘렸다. 그래서 둘이 논쟁하던 형식에서 둘은 논쟁을 하고 세 번째 배우를 증원해서 둘 중 누가 맞는지 판단하도록 했다.

한 사람이 보고 있는 상태에서 둘 중 누가 맞는지 판결하는 법정 소송과 관련된 형식의 변화는 수사학적으로도 의미가 있다. 2인 구도로 보는 수사학은 상대만 이기면 됐다. 이와같이 3인 구도로 보는 수사학은 화자와 청자만 있는 것이 아니라 청중이 있어 진리를 판단할 수 있는 제3의 인물까지 포함한다. 이제 중요한 것은 적합하게 말하는 것이다.

아무렇게나 말하는 것이 아니라 적합하게 말해야 한다. 청중인 제3자가 듣기에 '저거는 말도 안 되는 얘기야.', '저건 너무 장황해.', '왜 저렇게 요지가 없는 말을 계속 할까.' 등의 판단을 하기 때문에 아무리 좋은 이야기도 적합함이 없으면 시민들을 설득할 수 없다. 청중을 설득하지 못하면 법정에서 지게 된다.

✤ 철학으로 넘어간 적합성 ✤

이렇듯 수사학이 수사학에만 머물지 않고 비극으로 넘어갔다. 수사학의 적합성이 문학의 수사학적인 표현으로 나타난 후 이제는 철학으로 넘어갔다. 철학으로 넘어간 적합성은 플라톤의 대화편인 《필레보스(Philebus)》에 나타난다.

기예들이 적합성을 보존함으로써 모든 좋고 아름다운 것들을 만들어낸다. 적합성과 균형성은 의심할 여지없이 어느 경우에나 아름다움과 훌륭함으로 된다.

     – 플라톤, 《필레보스》 중에서

《필레보스》에서 플라톤은 적합성을 아름다움과 연결시킨다. 적합성이 적합성에서 끝나는 것이 아니라 훌륭함이라는 철학적인 주제로 확장된다. 그래서 연설, 법정 소송, 비극으로 확대되던 적합성이 이제는 철학의 중요 주제가 된다.

여기서 아름다움에 대해 두 가지 개념을 발견할 수 있다. 하나는 이전부터 있던 개념으로 보기 좋아서 아름다운 것이다. 또 하나는 바로 적합성의 아름다움이다. 그전에는 그냥 보기에 좋아서

* 플라톤의 아카데미아

12매듭 진정한 아름다움이란 – 데쿠스

아름답다고 생각을 했는데, 사물의 존재 목적과 관련되어 상황에 쓸모가 있을 때 적합하다는 성찰이 일어나게 되었다. 그러면서 이 적합성이 아름다움 중 하나로 취급받게 된 것이다.

플라톤은《정치가》에서 적합성, 프레폰(prepon)을 다시 세분화시켜서 네 가지로 이야기한다. 공간의 적합성을 '프레폰', 시간의 적합성을 '카이로스'라고 했다. 우리가 '저 사람은 적시(適時)에 왔어'라고 하는 것이 카이로스다. 그다음에 중용의 적합성을 '메쏜', 필연의 적합성을 '데온'이라고 했다.

나는 이걸 좀 바꿔서 공간의 적합성을 '알맞음', 시간의 적합성을 '때 맞음', 중용의 적합성을 '꼭 맞음', 필연의 적합성을 '꼭 맞춤' 이렇게 번역을 한다. 플라톤이《정치가》에서 '저 사람이 참 적합하게 행동했어.' 이런 얘기를 할 때는 '알맞음'과 '때 맞음'과 '꼭 맞음'과 '꼭 맞춤'이라는 이 네 가지가 있을 때다. 그때 아름답다는 말을 할 수 있다. 그게 데쿠스인 것이다.

적합성 고찰의 역사

더함도 덜함도 없는 것, 그것은 공간에서도 일어나는 것이고 시간에서도 일어나는 것이다. 우리가 중용이라고 할 때도 일어나는 것이고, 마땅히 무엇인가를 해야 하는 필연 속에서도 일어나는 것이다.

두 사람 사이에 중간에만 있으면 중용이라고 생각을 하는데 다른 적합성의 요소인 때 맞음, 꼭 맞음, 알맞음, 꼭 맞춤이라는 이 네 가지 차원을 같이 생각해야 한다. 그리고 이 적합성 때문에 모든 관계를 예측할 수 있는 능력이 생기게 된다. 결국 적합성을 생각하며 관계를 맞춰나가는 것, 그게 아름다움이다.

데쿠스는 변화 속에서 아름다움을 맞춰나가고 적합하게 해나가는 상태에서 나타나는 것이다. 그래서 플라톤이 이 적합성을 다른 말로 표현하기도 했다.

'우리에게 온갖 아름답고 좋은 것들이 한정되지 않은 것들과 한정된 것들이 조화로서 생긴다.'

여기서 조화라는 말로 번역된 단어는 '하르모니아(harmonia)'로 영어로 하면 '하모니(harmony)'다. 하모니를 조화로도 번역하지만 '어울림'이라고도 한다. 음악에서 각각의 울림이 전체적으로 어울려야 된다. 곧 적합성이라는 것이 어울림인 것이다. 적합성은 각각의 것이 따로 따로 있지만 전체가 다 어울리는 하모니의 개념으로도 이야기할 수 있다.

키케로는 적합성을 실천의 문제와 연결시킨다.

적합하지 않음을 부끄러워할 줄만 알아서는 안 되고 그것을 실천하지 말아야 합니다.

— 키케로, 《연설에 관하여》 1권 중에서

적합하지 않은 것에 대해서 창피한 줄 알아야 된다. 그런데 그 정도만 되어서는 안 되고 부적합함을 실천하지 말아야 된다. 키케로가 이야기한 것은 '우리의 모든 삶 속에서 적합함을 실천을 하라'라는 말이다.

적합함에 늘 전제로 깔려있는 것은 목적이 무엇인가라는 것이다. 전쟁하기에 적합하게 나한테 무장을 갖추는 것, 어떤 사람을 대상으로 하느냐에 따라 적합하게 연설하는 것 내가 어느 것을 목표로 해서 적절하게 하느냐가 중요하다. 그래서 그것 자체로 아름다운 것과 목적에 알맞기 때문에 아름다운 것, 이 두 가지가 생겼다.

키케로도 적합하기 때문에 아름다운 것을 이야기를 했고, 스토아학파도 적합함이 아름다움이라고 이야기를 한다. 그리고 계몽주의로 이어져 계몽주의에서도 '쓸모 있는 것이 아름답다'라며 적합함의 개념을 아름다움으로 보았다. 이것은 칸트의 '목적 없는 합목적성'으로 이어진다.

⚜ 아르데코에서 발견하는 데쿠스 ⚜

다음 이미지를 보자. 모든 것이 기하학적인 모양으로 나타난다. 이것은 1920년에서 1930년대에 프랑스 파리를 중심으로 일어난 아르데코(Art deco) 사조의 영향을 받은 디자인이다. 1925년에 개최된 파리만국박람회에 프랑스의 디자인 집단이 작품을 선

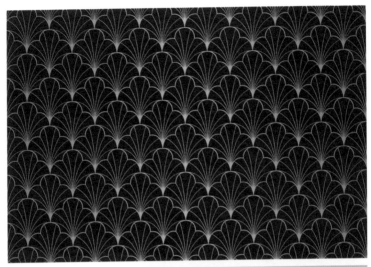

* 아르데코 무늬(위)와
아르데코 장식으로 유명한
크라이슬러 빌딩(아래)
© shutterstock

12매듭 진정한 아름다움이란 – 데쿠스

보이며 알려졌다.

아르데코란 데코의 예술, 라틴식으로 하면 데쿠스의 예술로, 지금까지 우리가 살펴본 데쿠스다. 이 의미를 보면 왜 이렇게 기하학적으로 추상화됐는지 이해가 된다. 왜 그러냐면 필요한 것만, 적합한 것만 보여준다는 개념에서 이렇게 나타나고 있다는 것을 알 수 있다.

미국 뉴욕 맨해튼에 있는 크라이슬러 빌딩은 아르데코 장식으로 유명하다. 건축가 윌리엄 반 알렌(William Van Alen)이 설계를 했는데 아르데코 디자인의 정수로 평가되는 기념비적인 건물이다.

아르데코에 앞서 1890년대에서 1910년대에 유행한 예술 사조는 아르누보(Art Nouveau)인데, 산업화로 사람들이 자꾸 인간성을 잃어버리고 기계화되니 자연으로 다시 돌아가야 된다는 자연주의를 표방한다. 새로운 예술이란 뜻을 가진 아르누보는 자연을 계속 디자인하는데 그 이후에 나온 아르데코는 추상화한다.

이런 변화를 엿볼 수 있는 게 구찌의 로고 문양이다. 구찌의 창립자 구초 구치는 아르누보 시대에 활동을 했다. 그래서 초기 로고는 자연미가 넘친다. 뒤를 이어 구찌를 맡은 아들 알도는 회사 로고를 아르데코 양식으로 바꾼다. 구초 구치의 이니셜 GG만 남겨 아르데코 스타일로 만든 로고는 기하학적인 추상이 잘 나타나 있다.

아르데코 시대를 거치면서 데쿠스에 관심을 가졌던 사람이 코코 샤넬이다. 그는 '진정한 우아함은 단순함이다.'라며 정제되고 단순미가 넘치는 진정한 우아함을 표현한다.

나에게 맞는 아름다움을 찾아서

이제 마지막으로 살펴보려는 것이 미니멀리즘이다. 미니멀리즘은 최소주의다. 지금은 일상을 단순하게 사는 것쯤으로 인식하지만 미니멀리즘은 1960년대에서 1970년대 미국에서 시각예술과 음악을 중심으로 일어났던 예술 사조다.

미니멀리즘은 모든 기교를 없애고 뼈대가 되는 근본적인 것만 표현하자, 그리고 그 뼈대를 반복하자, 이렇게 이야기를 한다.

음악에서 최소주의는 가장 핵심이 되는 짧은 구절만 가지고 반복하는 것이다. 싸이의 〈강남스타일〉을 떠올려 보자. '오빠 강남 스타일'이란 짧고 핵심적인 구절을 계속 반복하지 않는가. 같은 음이 계속 지속되고 거기에 아주 일관된 박자가 계속되고, 화음도 거의 일정하다. 이 곡이 미니멀리즘의 한 예라 하겠다.

음악에서만이 아니라 미술에서도 나타난다. 크라이슬러 빌딩처럼 기하학적인 뼈대를 계속 반복해서 나타내는 것도 미니멀리즘으로 볼 수 있다.

미니멀리즘은 최소한만 남기는 것, 가장 중요한 것만 남기는 것, 즉 데쿠스다. 나에게 적합한 최소한의 것만 남기는 미니멀리즘이 최소주의의 생활방식과 연결된다. 최소한의 것만을 남기려면 무엇보다 나의 어떠한 목적에 적합한지를 우선 따져야 된다. 나를 꾸민다고 이것저것 덕지덕지 붙이는 그러한 장식이 아니라 나에게 필요한 것만 있어서 아름답게 느끼는 것이 정말 멋이다.

적합한 아름다움은 다른 사람이 아닌 바로 자신에게 맞기 때문에 아름다운 것이다. 그 목표가 나에게 있나? 알맞고, 때 맞고, 꼭 맞고, 반드시 해야 할 일이며, 하고 싶은 일은 누가 나에게 사치라고 오해를 하더라도 고집을 피워야만 한다. 그것이 바로 고대 그리스부터 있었던 데쿠스, 진정한 아름다움이다.

낭만에
대하여

- 로망 -

로망
Roman

토착어

스콧 피츠제럴드(Scott Fitzgerald)가 쓴 《위대한 개츠비》는 레오 나르도 디카프리오가 주연한 영화로 더 유명해졌다. 그런데 개츠 비는 왜 위대한 것일까? 책 1장을 보면 '낭만적인 민감성'이라는 단어가 나온다. 이것이 개츠비가 위대한 이유다.

그는 마치 1만 5천 킬로미터 밖에서 일어나는 지진을 감지하는 복 잡한 지진계와 연결되어 있기라도 한 것처럼 삶의 가능성에 민감 하게 반응했다. 그러한 민감성은 '창조적 기질'이라는 이름으로 미 화되는 진부한 감수성과는 차원이 달랐다. 낭만적인 민감성이었 다. 그래. 결국 개츠비는 옳았다.

– 스콧 피츠제럴드, 《위대한 개츠비》 중에서

＊ 영화 〈위대한 개츠비〉의 한 장면

　소설 속에서는 개츠비에 대해 '삶의 가능성에 민감하게 반응했으며 그러한 민감성은 창조적 기질과 달랐다'라고 묘사한다. 작가는 태어나면서부터 갖고 있는 창조적 기질과 구분하여 현실을 기반으로 한 가능성에 반응하는 것을 낭만적 민감성이라 표현한다. 현실과 가능성이 중첩돼 있는 것, 이것을 낭만적 민감성으로 본 것이다.

　낭만은 '로만(roman)', 프랑스어로 로망이란 말의 번역어인데, 로만의 본뜻은 '토착어'다. 우리가 "당신은 참 낭만적이야." 혹은 "로맨틱한 분위기야."라고 할 때 떠올리는 이미지와 어원이 연관성을 찾아볼 수 없는데 어떻게 된 것일까?

낭만주의의 등장

낭만이라는 말이 유행하게 된 것은 18세기 계몽주의를 거치고 난 다음에 낭만주의가 크게 유행하면서부터였다. 낭만주의는 신고전주의에 대립하면서 등장했다. 신고전주의가 이성을 중히 여기고 조화와 질서를 이야기한다면 이러한 엄밀함에 대해 반대하는 것이 낭만주의다.

대략 1780년대 중반에 독일과 영국에서 이 낭만주의가 시작이 된 것으로 본다. 이성보다는 감성을 추구하고 체험과 주관을 소중히 여기는 이 사조는 나중에 프랑스에 영향을 미치게 된다. 프랑스가 낭만주의를 좋아했던 이유가 있다. 계몽주의의 영향으로 프랑스 혁명이 일어났음에도 불구하고 다시 억압의 정치로 변질되는 현상이 벌어진다. 프랑스 시민들은 열렬히 참여했던 현실 정치에 대한 극단적인 피로감을 느끼게 된다. 그래서 낭만주의에 빠져든다.

낭만주의가 생겨서 낭만성이라는 것이 생겼다면 1780년대 중반 낭만주의 사조가 출연하기 전에는 낭만적인 사랑이란 게 불가능했을까? 물론 낭만이란 단어는 없었을지 모르지만 낭만을 의미하는 것은 분명 고대에도 있었을 것이다.

'낭만주의(romanticism)'를 원어로 살펴보면 '로만(roman)'에 명사를 형용사로 만드는 '틱(tic)'과 어떤 속성이나 주의(主義)를 의미하는 '이즘(ism)'이 결합된 말이다. 이 로만이란 말이 뿌리어인데, 앞에서도 이야기했듯이 로만이라는 말은 '토착어'라는 의미였다.

* 외젠 들라크루아, 〈알제리의 여인들(The Womens of Algiers)〉(1834)

중세시대 각 지역에는 토착어가 있었다. 제국의 공식적인 언어는 라틴어였지만 자신들 지역에서 쓰고 있는 언어는 따로 있었다. 공식적인 언어로 대화를 하다 보면 나의 감정이나 생각을 드러내기에 한계가 있다. 그래서 '나는 우리 지역에서 쓰는 말을 써야지.' 했던 것이 당시 로망의 의미였다.

로망어로 주로 이야기되는 것은 지역의 역사와 전설 또 영웅의 모험담들이었다. 공식적인 언어인 라틴어를 사용하던 사람들에게 로망어로 된 세계는 이질적이고 낯선 내용들이었다. 자연스럽게 17세기 중엽까지 로망어와 관련된 내용에는 라틴어 사용자들이 사는 세상 너머에 있는 상상력이 발동했다.

그래서 당시 라틴어가 모국어인 사람들은 로망은 현실에 있는 것과는 다른 이질적인 이야기라고 생각했다. 여기서 중요한 개념이 생겼다. 현실과 상상의 개념이다. 로망어를 들으면 상상의 이야기로 들리고, 라틴어로 들으면 현실의 이야기로 들렸다. 즉 로망어를 사용하면 라틴어가 공식어인 상황에서 현실과 상상이라는 두 개의 이질성이 중첩되었다.

18세기의 낭만주의는 본격적으로 이전에 있었던 상상의 세계를 끌어 들인다. 어떻게 하면 현실과 다른 상상 속에 있었던 이야기를 끌어올 수 있을까 고민한다. 그러면서 그 상상력을 끌어오는 매개체로 고딕 문화에 관심을 갖게 된다.

18세기에 다시 유행한 고딕 문화

'고딕(Gothic)'은 '고트족의'라는 뜻이다. 말 그대로 고트족에게 영향을 받았던 문화다. 18세기 말과 19세기 초에 낭만주의가 한참 융성할 때에 고딕 문화의 소설들이 나타난다. 고딕 문학은 공포와 로맨스 또는 로망(roman)과 관련된 사랑 이야기에 상상이 결합된 문학 장르다.

호프만(Hoffmann)의 《모래인간》이라든가 메리 셸리(Mary Shelley)의 《프랑켄슈타인》이 대표적인 고딕 문학이다. 약간 괴기스러우면서도 사람을 끄는 매력이 있는 소설이라 할 수 있다. 그

* 조셉 노엘 실베스트르, 〈야만족에 의한 로마의 함락, 410년〉(1890)

렇다면 사람들에게 이러한 영향력을 끼쳤던 고트족의 문화는 과연 무엇이었을까?

이 고트족의 문화가 융성하게 된 것은 4세기~5세기 때 고트족이 로마로 쳐들어 왔을 때다. 역사에서는 이것을 '고트족의 이동'이라고 한다. 중국 한나라의 서진 정책으로 훈족이 동유럽으로 이동하면서 루마니아 남부와 우크라이나 서부에 있던 고트족을 밀어냈고, 쫓겨난 고트족은 목숨을 걸고 다뉴브강을 건넌다.

그런데 이상한 현상이 생긴다. 자기 나라를 쳐들어와 갖가지 해를 입히고 간 민족인데, 로마 사람들은 고트족의 머리 스타일, 장신구 또 옷 스타일에 호감을 느낀다. 고트족은 주로 짐승 털가죽을 걸치고 몸에 문신을 했는데 그 모습이 굉장히 매력적이라 생각했다.

왜 이렇게 해를 끼친 민족의 문화를 좋아한 것일까? 그게 바로 이질성이다. 항상 습관적으로 보면서 익숙해진 것에 끌리기보다 새로운 것, 뭔가 달라진 것을 보면서 사람들은 호기심을 갖고 호감을 느끼는 현상이 생긴다.

고딕은 12세기가 되자 건축 양식으로 다시 한번 부활하는데 높은 천장과 뾰족한 아치, 급경사를 이룬 지붕 형태, 괴물 모양의 물받이 등을 특징으로 한다. 19세기 영국의 평론가 존 러스킨(John Ruskin)은 고딕 문화에 대해 연구를 했는데 특히 베네치아의 건축물에 관심이 많았다. 그는 고딕에 매료되는 이유를 《베네치아의 돌》에 이렇게 이야기한다.

이 모든 것들, 이 가운데 몇몇 것들과 다른 많은 것들이 결합될 때 고딕은 비로소 생명을 띠게 된다.

― 존 러스킨, 《베네치아의 돌》 중에서

'어떤 것이 다른 이질적인 것과 결합이 될 때 거기서 샘솟는 에너지가 있다'는 것이 존 러스킨이 발견한 고딕문화의 특징이다. 이런 의미로 볼 때 고딕의 이질적인 특성이 낭만주의자들에게 매력적으로 작용하고 있다는 것을 알 수 있다. 라틴어와 대립되는 존재로 낭만이 형성했던 것들이 낭만주의로 흘러가서 이제는 더 근원적으로 고트족, 이질성과 관련되었다.

♪ 동굴 그림에서 온 그로테스크 ♪

이런 이질성과 관련해서 또 하나의 대표적인 예가 있다. 바로 '그로테스크(grotesque)'라는 말이다. 15세기 말 로마 황제 티투스가 사용했다는 목욕탕 근처에서 동굴이 발견된다. 동굴에는 복도로 쭉 연결된 회랑과 둥근 천장이 있었는데 거기에 프레스코화로 채색된 벽화들이 있었다. 그런데 그 그림들이 지금까지 봤던 그림과는 달랐다.

짐승과 새가 결합되어 있고 물고기와 식물의 줄기가 결합되어 있었다. 심지어 인간의 뇌와도 결합된 것도 있었다. 여러 종류의 식물과 동물이 얽히고설켜 있는 이종교배된 모습이 즐비했다. 이걸 보고 르네상스 화가였던 라파엘로는 이 그림들이 동굴에서 발

* 조반니 바티스타 피라네시, 〈티투스의 목욕 장면(View of the Baths of Titus)〉(1775)

견됐다고 해서 '동굴에 속한'이란 뜻으로 그로테스크라는 단어를 사용했다. 이탈리아어 '그로토(grotto)'는 동굴이라는 말이다. '동굴에 속한'이라는 의미였던 그로테스크가 '이상하고 충격적이지만 호기심을 자극하고 매력을 느끼게 하는 것'이란 의미로 사용되기 시작했다.

이질성과 아이러니

이질적인 것에 사람들은 왜 호감을 느낄까? 독일의 철학자 프

* 아리스토파네스

리드리히 폰 슐레겔(Friedrich von Schlegel)은 낭만주의를 연구하여 낭만성에는 '아이러니(irony)'가 있다는 것을 발견한다. 그리고 이 낭만성이 삶의 아이러니까지 일으킨다고 이야기한다.

슐레겔은 초기 낭만주의의 주요 인물 중 한 사람으로 '번역은 반역이다'라는 말로 우리에게 친숙한 인물이다. 고전학자였던 그는 그리스 문학을 많이 소개했는데, 그리스 문학을 계속 공부하다 발견한 아이러니를 철학적인 아이러니로까지 끌어낸다. 슐레겔은 '낭만적 아이러니'라는 개념을 만들었다. 낭만적 아이러니는 예술가의 창조적 의식태도와 관련된 것으로 작품과 창조 행위를 긍정하면서 동시에 절대적 보편성에 비추어 그것이 가상에 불과하다고 부정하는 예술가의 태도를 가리킨다.

아이러니는 원래 그리스 희극의 개념이었다. 아리스토파네스의 희극 중에 〈구름〉이라는 작품이 있는데 여기에 등장하는 배우 이름에서 유래했다. 작품 속에는 두 인물이 항상 등장을 하는데 한 배역의 이름이 에이론이고, 또 하나가 알라존이다.

그런데 에이론이 맡은 역할이 재미있다. 겉보기에는 약하고 어떤 능력도 없어 보이는, 요즘 말로 하면 '흙수저'다. 반면에 알라존은 힘도 세고 권력도 있는 '금수저'다. 희극이 전개되면서 에이론은 항상 알라존을 골려준다. 에이론은 겉보기에는 특별한 데가 없지만 속으로는 대단한 힘을 가진 인물로 알라존을 공격하고 비판하고 하면서 한바탕 사람들에게 웃음도 주고, 통쾌함도 준다.

그래서 에이론(eiron)과 같은 것이란 뜻으로 에이론 뒤에 추상명사화 시키는 그리스어 어미인 '에이아(eia)'를 붙여 '에이로네이아(eironeia)'란 말이 나왔고, 이 말이 아이러니가 되었다. 그러니까 아이러니는 약한 것 같고 어리석은 것처럼 이야기하지만 결국은 그걸 통해 상대를 제압하고 이기는 상반된 것을 의미한다.

그리스 시인 소포클레스는 비극 〈오이디푸스왕〉를 상영한다. 오이디푸스는 누가 선대왕인 아버지를 죽였는지 찾는다. 오이디푸스는 모르고 있지만 관객은 이 오이디푸스가 아버지를 죽인 것을 알고 있다. 이렇게 극중 등장인물은 정보를 모르고 관객은 다 알고 있는 이러한 상태에서 만들어지는 극적 효과를 비극적 아이러니, 구조적 아이러니라고 이야기한다.

아이러니는 원래 고전 수사학의 개념이었다. 슐레겔이 본 아이러니는 이뿐 아니라 철학적인 아이러니였다. 그는 낭만주의에 이

13매듭 낭만에 대하여 – 로망

* 장 앙투안 테오드르 지루스트, 〈콜로노스의 오이디푸스〉(1788)

성과 감성, 정신과 자연, 현실과 이상, 객관과 주관, 필연과 자유, 학문과 예술 등 양립을 통한 갈등 속에서 특정 상황을 넘어서는 힘이 있다고 보았다. 즉 이상과 현실의 갈등에서 빚어진다는 철학적 아이러니를 낭만성으로 해석했다.

그리스 문학의 발달사

그리스 문학은 모든 문학의 시작이기 때문에 잠깐 그리스의 문학사에 대해 간단하게 소개하겠다. 우선 그리스 문학은 서사시부터 발전했다. 호메로스의 《일리아스》와 《오디세이아》가 대표적인 서사시다. 서사시는 영웅들의 이야기를 주로 다룬다. 그러다 보니 사람의 마음이나 감정보다는 교훈적인 이야기를 많이 한다.

그래서 좀 더 적극적으로 마음을 드러내는 시가 필요하다고 느끼게 되었고, 감정을 표현하는 서정시가 등장한다. 대표적인 서정시인이 사포(Sapho)다. 이 시인은 마음이 맞는 사람들, 주로 여자들과 레스보스섬에 가서 공동체 생활을 하며 시를 썼다. 그런데 감정을 표현하는 시는 개인적인 감정을 바탕으로 하다 보니 보편성이 미흡했다. 이를테면 비 오는 날 밤에 쓴 편지와 맑은 날에 쓴 편지는 정서의 차가 심하다. 같은 새소리를 들어도 나의 감정에 따라 슬픈 울음으로 들리거나 기쁜 노래로 들리기도 한다.

서정시 다음으로 보편성을 가지고 인간의 감정을 끌어올 수 있는 장르가 생기게 되는데 그게 비극이다. 비극은 감정도 표현하지만 보편적인 고민거리가 주제로 나타난다. 그래서 아테네 폴리스는 비극을 통해 시민들을 교육하기까지 한다.

그러고 나서 희극이 나온다. 희극을 보통 풍자시라고도 하는데 무조건 비판을 하면 기분 나쁘지만, 웃음을 통해서 비판을 하면 부정적인 감정이 상쇄된다. 이 희극에서 앞에서 봤던 아이러니가 극대화되었다.

* 구스타프 클림트, 〈사포〉(1890)

알렉산더 매퀸이 보여준 낭만성

다시 낭만으로 돌아가 보자. 여러 장르에서 낭만성이 나타나는데 특히 패션에서 이 낭만성을 가지고 자신만의 독특한 디자인을 보여준 디자이너가 있다. 그 사람이 바로 알렉산더 매퀸(Alexander McQueen)이다.

1969년에 태어난 알렉산더 매퀸은 2010년 좀 이른 나이에 사망한다. 죽은 다음해 메트로폴리탄 뮤지엄에서 그를 추모하는 전시회가 열린다. 전시회 이름은 〈알렉산더 매퀸: 야만적 아름다움(Savage Beauty)〉이었다. 야만과 아름다움. 이 대립되는 두 단어에서 매퀸의 패션이 지닌 아이러니를 볼 수 있다.

알렉산더 매퀸은 평소 자신의 디자인 성향을 이야기할 때, '나는 지나치게 낭만적이다'라는 말을 했다. 그래서 전시실 이름도 낭만과 연결된다. '낭만적 정신', '낭만적 고딕', '낭만적 민족주의', '낭만적 이국주의', '낭만적 원시주의', '낭만적 자연주의'였다. 그만큼 그의 패션 철학이 낭만주의와 관련이 깊다는 것을 알 수 있다.

알렉산더 매퀸은 알프레드 히치콕의 〈새〉에서 영감을 받아 컬렉션을 기획하기도 했다. 새와 인간이 이종교배된 형태의 컬렉션은 대단한 호응을 얻었다. 1999년 봄, 여름 컬렉션에서는 패션과 기술의 이종교배를 보여주었다. 세기말, 많은 사람들이 로봇의 발전으로 인간은 소외되는 것이 아닌가 걱정할 때였다. 그는 하얀 치마를 입은 모델이 원 안에서 빙빙 돌고 로봇 팔이 물감을 분사

* 알렉산더 매퀸
전시회 포스터

해서 색을 입히게 하는 퍼포먼스를 통해 기술에 대해 무조건 겁을 먹어서는 안 된다는 생각을 보여준다.

매퀸의 작품은 계속해서 이러한 이질성이 나타난다. 마지막 컬렉션으로 알려진 2010년도 〈플라톤의 아틀란티스〉 컬렉션에서는 모델들이 머리에 뿔 모양을 달고 굉장히 높은 신발을 신는다. 또 마치 물고기의 비늘 같은 느낌의 옷을 선보인다.

매퀸이 어릴 때 엄마가 플라톤의 《티마이오스》를 읽어주곤 했는데, 아틀란티스가 화산 활동으로 바다 밑으로 가라앉은 이야기가 그의 상상력을 자극했다. 그 섬에 있던 사람들은 바다에서 어떻게 되었을까? 매퀸은 물고기처럼 진화해 지금 육지에 있는 인간과는 다른 문화와 세계가 만들어지지 않았을까 상상해서 이 컬

* 〈플라톤의 아틀란티스〉 컬렉션

렉션을 디자인했다.

　매퀸은 패션에 대립된 주제를 양립시킬 뿐 아니라 현실을 이질적으로 표현하였다. 그리고 이런 아이러니를 통해 이질성을 극복하고 아름다움을 느끼게 하는 힘을 부여했다. 이른 나이에 생을 마감해 이런 천재적인 생각이 계속 이어지지 못한 것이 안타깝다.

✃ 개츠비가 위대한 이유 ✃

앞에서 개츠비가 위대한 것은 낭만성 때문이라고 말문을 뗐다.

또 낭만성이라는 것은 현실과 이상의 차이로 인해서 갈등이 있는 상태이나 그렇다고 현실을 포기하거나 이상을 포기하지 않고 둘이 중첩된 상태라 했다.

《위대한 개츠비》를 보면 개츠비는 온갖 어려움을 겪고, 심지어 사랑하던 데이지가 자기가 생각하던 여인이 아니라는 사실을 알면서도 계속 이상을 향해 나아가는 모습을 보여준다.

그는 이상한 방식으로 어두운 바다를 향해 두 팔을 뻗었는데 확실히 부르르 몸을 떨고 있었다. 그래서 나도 모르게 바다 쪽을 바라보았다. 저 멀리 부두의 맨 끝자락에 있는 것이 틀림없는 단 하나의 초록색 불빛이 작게 반짝이는 것을 빼고는 아무것도 보이지 않았다.
– 스콧 피츠제럴드, 《위대한 개츠비》 중에서

개츠비는 계속해서 무엇인가를 응시한다. 그게 바로 데이지가 살던 그곳의 초록빛이었다.

개츠비가 죽은 후 장례식에서 어린 개츠비가 썼던 일기장의 메모를 화자가 읽어주는 부분이 있다. 어린 개츠비는 남긴 메모는 이것이었다.

'아침 6시 기상, 운동, 공부, 금연, 저축.'

개츠비는 농부의 아들로 태어났다. 도시로 가서 꿈을 펼치겠다고 이름까지 개츠비로 바꾸고, 사랑하는 여인을 위해 부를 축적하며 이상을 향해 나간다. 그 여인이 자신이 사랑하던 모습이 아니란 사실을 알았지만 그럼에도 불구하고 이상을 끝내 버리지 않는다. 어떻게 보면 이 끊이지 않는 열정 뒤에 있는 힘은 낭만적인 민감성이 아닌가 하는 생각이 든다.

삶을 아름답게 만드는 것

패션으로 낭만성을 드러냈던 알렉산더 매퀸이 1995년 발표한 컬렉션의 이름은 '레이프(rape, 강간)'였다. 그는 모델들이 폭행을 당한 모습으로 사람들 앞에 서게 했다. 그리고 모델들에게 당당하게 무대를 걸어가라고 요구했다. 많은 사람들이 폭행을 당하면 절망에 빠져 오히려 죄인인 듯 살아가는데 꿋꿋하고 당당하게 살아가라는 메시지를 주고 싶었단다.

사실 매퀸 자신이 성폭행을 당했던 경험이 있던 사람이었다. 그가 어린 나이에 폭행을 당한 것은 큰 상처이고 트라우마였다. 매퀸은 그것 때문에 좌절한 것이 아니라 이상을 갖고서 자신이 해야 될 일을 찾았다. 현실이 자신에게 절망적이어도 이상을 품었다. 이것 때문에 자신이 지나치게 낭만적이라고 했던 것이다.

매퀸의 현실은 타의에 의해 망가졌지만 그럼에도 불구하고 자기에게 이상이 있어서 그 모든 것을 극복할 수 있었다. 현실에서 이상을 볼 수 있는 낭만성은 아무리 내 현실이 불쾌해도 그것을

271　　　　　　　　　　　　　　　　　　　　　**13매듭** 낭만에 대하여 – 로망

아름다움으로 상승시킬 수가 있다.

그래서 낭만주의와 함께 숭고미가 탄생을 한다. 숭고미는 불쾌를 넘어 유쾌한 정서를 가질 수 있는 능력이라고 할 수 있다. 그림 등을 보고 유쾌한 느낌을 가지면서 아름답다고 느낀다면 자연미라고 할 수 있는 반면 숭고미는 처음에는 불쾌한 느낌이 들지만 그것에서 유쾌함을 끌어낼 수 있는 능력이다. 낭만성에서 바로 그런 숭고미를 얻을 수 있다.

《위대한 개츠비》의 개츠비처럼, 알렉산더 매퀸의 디자인 정신처럼 낭만적인 마음으로 상처 난 현실을 딛고 나아간다면 삶의 아름다움을 발견할 수 있을 것이다.

14매듭

욕망에
접속하라

– 스티그마 –

스티그마
Stigma

뾰족하고 날카로운 것으로 살갗에 표시하는 것 στίγμα

헤라, 나이키, 미네르바, 크로노스, 머큐리, 박카스의 공통점은 무엇일까? 그리스로마 신화에 나오는 신들의 이름이며 특정 브랜드(brand)의 이름이다. 브랜드의 원래 의미는 문신과 타투에 가깝다. 브랜드의 뿌리어는 그리스어 '스티그마(stigma)'이다. 뾰족하고 날카로운 것으로 살갗에 표시를 한 것이다.

고대 그리스에서 스티크마는 신분을 표시하는 것이었다. 사제 계급은 몸에 문신을 새겨 신에 속해 있음을 자랑했고, 전사 계급은 손에 문신을 새겨 군인임을 드러내고 당당하게 거리를 활보했다. 죄수, 전쟁 포로, 노예들에게도 낙인처럼 스티그마를 찍었다.

소유물에도 표시를 했다. 서부 영화를 보면 달궈진 쇠꼬치로 자신이 소유하고 있는 가축에 표시를 하는 장면이 종종 나온다. 이

14매듭 욕망에 접속하라 – 스티그마

* 스티그마는 소유의 표시기도 하다 © shutterstock

렇게 누구 집안에서 키우는 가축인지 표시를 하는 것이다. 그래서 스티그마는 소유의 표시기도 하다.

신분, 소속, 소유의 의미로 문신을 새겼다는 것은 브랜드가 대상의 정체성과 관련이 있다는 것을 짐작할 수 있다. 그렇다면 브랜드가 명품이라는 의미를 어떻게 갖게 된 걸까? 스티그마의 의미 변화를 더 따라가 보자.

신분 표시에서 브랜드로

신분과 소유를 표시했던 스티그마는 메시지를 담는 역할도 했

* 헤로도토스 ⓒ shutterstock

다. 헤로도토스(Herodotos)가 쓴《역사》라는 책을 보면 기원전 5
세기에 페르시아에 대한 반란을 모의하는 히스티아이오스의 이
야기가 나온다.

히스티아이오스는 아리스타고라스에게 반란을 꾀하라고 부탁하
고 싶어도 기록이 모두 검거되었기 때문에 무사히 생각을 전할 방
법이 없었다. 그래서 그는 자신의 가장 충직한 종의 머리를 깎고
살갗에 문신을 한 뒤 머리카락이 다시 자라기를 기다렸다. 그리고
그것이 자라나자 그는 그 종을 (중략) 보내며 아무 소리 말고 아리
스타고라스에게 다음의 간청만 전하라고 했다. "저의 머리를 깎고

14매듭 욕망에 접속하라 – 스티그마

살갗을 살펴보소서."

– 헤로도토스, 《역사》 5권 중에서

아리스타고라스는 종의 머리를 깎고 장인의 반란 계획을 알게 된다. 스티그마가 메시지로 바뀐 것이다. 이런 식으로 신분과 소유를 표시하고 메시지를 줬던 스티그마가 오늘날 브랜드가 되어 상품에 새겨진다. 물론 가축에 새겨진 소유 표시도 어떻게 보면 가축을 판매했을 때 브랜드 역할을 했을 것이다. 그러나 더 적극적으로 가축이 아닌 상품에 브랜드 로고처럼 스티그마를 새기는 일이 생긴다. 이 이야기가 성경에 나온다.

구약성서 중 〈아가서〉에 솔로몬왕이 사랑하는 여인에게 선물

* 다뉴브강 위의 다리를 지키는 히스티아이오스 군대, 19세기 그림

을 하는 내용이 나온다. 솔로몬왕은 금반지에다 스티그마를 내고 거기에다가 은을 넣어 특별한 반지를 만들어 선물을 한다. 기원전 10세기에 히브리어로 쓰인 〈아가서〉는 기원전 3세기쯤 그리스어로 번역되었다. 그리스어로 '새겨 넣음'을 스티그마로 번역한 것을 보아 적어도 이 무렵에는 상품 브랜드의 의미가 시작되었다고 볼 수 있다.

솔로몬왕이 특별히 주는 반지라는 것을 스티그마가 증명한다. 다른 반지에는 없지만 솔로몬왕이 주는 반지에만 스티그마가 있기 때문이다. 스티그마가 신분에서 소유로 그리고 상품을 표시하는 것으로 변화되었다.

정체성과 욕망

상처가 되었든 흔적이 되었든 나에게 남게 되는 것들도 스티그마라 하겠다. 이 스티그마를 통해서 우리에게 남는 것은 과연 무엇일까? 나는 이것을 '아이덴티티(identity)', '정체성'이라 본다.

아이덴티티라는 말은 라틴어에 '이덴티타스(identitas)'에서 왔다. 이덴티타스는 'idem et idem'의 축약에 추상명사로 만드는 이타스(-itas)가 붙은 것으로, 아이덴(iden)은 이뎀(idem)으로 '같은, 동일한'이란 뜻이고, 에트(et)는 '그리고'라는 뜻이다. 종합해 본다면, '같은 것 그리고 같은 것'이란 뜻이다. 즉 정체성을 원어 그대로 분석하면 계속해서 같은 것, 반복적으로 같은 것을 의미한다.

'당신의 정체성은 무엇입니까?' 이렇게 물어본다면 그것은 내가 계속해서 같은 것, 내가 계속해서 반복하는 것, 내가 계속해서 소유하고 있는 것 그리고 내 마음 속에 욕구하고 욕망하고 희망하는 것이 무엇인지 묻는 것이다.

오늘날 정체성이라고 할 때 여러 의미가 있기 때문에 대답하기가 상당히 힘이 든다. 그러나 가만히 '내가 반복되는 게 뭐가 있지?'라고 생각한다면 나의 정체성이 무엇인지 포착할 수 있을 것이다. 이렇게 반복되는 것에 대해 철학적으로 관심을 가졌던 철학자가 질 들뢰즈다.

질 들뢰즈는 '당신은 무엇을 반복하는가?'라는 질문 대신 '당신이 사용하는 게 무엇인가?'라고 묻는다. 그러니까 정체성을 찾아가기 위해서 먼저 해야 될 것은 '내가 무엇을 계속 사용하지?'라는 문제와 연결된다. 그리고 그 사용은 나도 모르는 사이에 무의식 속에서 반복된다.

> 무의식은 의미에 관한 문제를 제기하지 않고 오직 사용에 관한 문제만을 제기한다. 무의식은 아무것도 표상하지 않는다. 그것은 생산한다.
> **— 질 들뢰즈, 펠릭스 가타리, 《천 개의 고원》 중에서**

무의식중에 반복하는 것, 질 들뢰즈는 이를 '욕망'이라 정의한다. 내가 무의식중에 무엇인가를 붙잡고, 무엇인가를 추구하고, 무엇인가를 소비하고, 무엇인가를 사람들과 이야기하는 것, 그게 바로 욕망이라는 것이다. 들뢰즈는 이 욕망을 통해 정체성을 찾을 수 있다고 보았다.

라캉은 모든 욕망은 타자의 욕망이자 결핍이라 한다. 그러니까 내가 원한다기보다는 타자가 원하는 것을 내가 욕망한다는 것이다. 그래서 내가 진정 원하는 게 무엇인지 살피라고 말한다. 라캉은 욕망을 결핍이라는 부정적인 것으로 본다면 질 들뢰즈는 욕망을 나의 정체성을 알 수 있고 무언가를 생산하는 긍정적인 것으로 생각한다.

인간은 욕망 때문에 다른 것과 '접속'한다. 들뢰즈는 인간이나 물질이나 모든 존재를 '기계'라고 하면서 기계의 정체성은 다른 어떤 기계와의 접속으로 인해 생성된다고 하였다. 내 손이 무엇과 접속하느냐에 따라서 내 손의 정체성이 바뀐다는 말이다. 만약에 손으로 마이크를 잡으면 아나운서나 또는 가수인 것이고, 동일한 손으로 핸들을 붙잡고 있으면 그 사람은 지금 운전수일 것이다.

동일한 목이지만 내 목이 무엇을 삼키는지에 따라서 그 존재가 달라진다. 내가 술을 마실 때는 술 먹는 기계가 되는 것이고, 내가 음식을 먹을 때는 음식을 소화하는 기계가 된다. 모든 것이 접속에 따라서 정체성이 바뀌는 것이다.

* 내 손이 무엇과 접속하느냐에 따라 정체성이 바뀐다 © shutterstock

접속하고 또 접속하라

우리의 정체성도 그렇다. 내가 지금 누구와 접속하고 있고 어디에 내가 무엇과 연결돼 있는지에 따라서 나의 정체성이 드러난다. 영화 〈악마는 프라다를 입는다〉는 정체성과 접속에 관해 좋은 예를 보여준다.

영화 속에서 메릴 스트립은 프라다를 마음껏 입을 수 있는 최고의 패션 잡지《런웨이》의 편집장 미란다 역할을 맡았다. 미란다의 비서 앤디 역으로는 앤 해서웨이가 나온다. 미란다는 명품 브랜드를 마음껏 소비하면서 패션 잡지의 편집장으로서 이렇게 살아야 된다고 한다. 잡지사에 처음 들어간 앤디는 브랜드를 소비하지 않는다. 그러나 브랜드를 소비하는 사람들과 접속을 하면서 점점 변해간다.

그러나 앤디는 그 모든 것을 뒤로 하고 자기가 원하는 일을 하기 위해 사표를 던진다. 원래 앤디는 기자가 되고 싶었다. 기자에 여러 번 도전했지만 번번이 거절당하고 잡지사에 입사를 한 것이다. 악마로 불리는 미란다에게 인정받을 정도로 열심히 일을 했지만 패션 잡지사 안에서 일하는 것은 자신과 맞지 않는다는 결론을 내린 앤디는 다시 기자가 되기로 마음먹는다.

만약에 앤디가 패션 잡지사에 접속해 보지 않고 그냥 기자가 되었다면 어땠을까? '나도 한번 프라다를 입고 싶은데, 패션 잡지사처럼 화려한 곳에서 일하고 싶은데'라는 생각을 하지 않았을까? 그랬다면 기자생활에 몰입해서 그 삶을 살 수 있었을까? 패

14매듭 욕망에 접속하라 – 스티그마

* 영화 〈악마는 프라다를 입는다〉의 한 장면

션 잡지사의 한 사람으로서 정체성을 경험한 다음에 이 접속은 나에게 맞지 않는다는 것을 알고 다른 접속으로 넘어갈 수 있었던 건 아닐까?

들뢰즈는 이러한 접속을 굉장히 중요하게 생각했다. 우리는 하나의 정체성을 찾아 그걸 끝까지 밀어붙여야 한다는 식으로 교육을 받아왔다. 그런데 들뢰즈는 그렇게 보지 않았다. 나에게 맞는 것을 발견하기 위해 계속 접속하는 것. 그래서 내가 원하는 것이 무엇인지 눈을 떠야 한다고 했다.

이것을 '영토화, 탈영토화'라고 한다. 접속하고 자기의 영토가 만들어지면 거기서 끝이 아니라 영토를 버리고 탈주해 새로운 접속을 통해 또 새로운 영토를 만들어라. 그래야 우리의 정체성이 드러난다고 이야기한다. 어떻게 보면 역설과 같은 일이지만 계속해서 내가 원하는 것이 무엇인지를 찾고 추구하고 따라가다 보면, 나의 확실한 정체성을 찾아가게 된다는 것이다.

✦ 과잉욕망의 함정 ✦

한번 생각해 보자. 내가 반복적으로 접속하고 있는 것이 무엇인지. 내가 은연중에 계속해서 생각하고 사용하는 것은 무엇인지 말이다. 그게 나의 정체성과 밀접하게 관련이 있다. 그런데 이렇게 반복되는 욕망에 위험이 하나 도사리고 있다. 과잉욕망이다.

과잉욕망을 라캉은 정신분석학 용어로 '주이상스(Jouissance)'라고 부른다. 주이상스는 '과잉된 희열'이라고 번역하기도 한다. 감각자극을 받다 더 이상 만족하지 못하고 더 많은 감각자극을 원하는 것. 그게 주이상스다.

이 주이상스를 《오디세이아》에서 발견할 수 있다. 오디세우스가 온갖 모험을 하며 집으로 돌아온다. 원래 모험을 목적으로 한 것은 아니었는데 집에 가는 도중 여러 가지 일이 벌어지면서 모험에 대한 이야기처럼 돼버렸다.

오디세우스가 겪은 모험 중에 세이렌을 만난 일도 있다. 그리스 신화에서 세이렌은 노래로 뱃사람들을 유혹하는 존재다. 얼굴은 여자의 얼굴이지만 하체는 새의 모습을 하고 있다. 이종교배된 세이렌의 모습은 매력적인 것과는 거리가 멀지만 세이렌의 노랫소리는 뱃사람들을 홀린다. 도대체 어떤 노래를 불렀길래 뱃사람들이 빠져들었는지 궁금하지만 아쉽게 소리가 남아 있는 건 아니니 가사로만 짐작할 뿐이다.

자. 이리로 와요. …… 여기 배를 대어 놓고,
우리 둘이 음성에 귀 기울여 봐요.
그럼 그 사람은 즐긴 후 더 많은 것 알아 귀향하죠.
우리는 아르고스인들과 트로이아인들이
저 광활한 트로이아에서
신들의 뜻대로 체험한 전부를 알고,
풍요한 땅에서 벌어진 온갖 것 다 알고 있죠.
– 호메로스, 《오디세이아》 중에서

가사를 곱씹어 보면 왜 오디세우스가 이 노래 가사에 유혹이 됐을지 추측할 수 있다. 세이렌의 노래에 귀 기울이면 더 많은 것 알 수 있다니 오디세우스는 솔깃하다. 호메로스가 전하는 일리아스 이야기와 오디세이아 이야기를 보면 가장 용맹한 사람은 아킬레우스고, 가장 지혜로운 사람은 오디세우스다.

트로이아 전쟁에서 트로이아에 목마를 놓자고 꾀를 냈던 사람이 바로 오디세우스가 아닌가. 지혜에 대해 자부심이 많았던 그에게 더 많은 것을 알게 된다 하니 굉장히 매력적인 제안이었다. 그러나 섬 주위에는 온통 썩어 가는 남자들의 뼈들이 무더기로 쌓여 있고, 뼈 둘레에서는 살가죽이 오그라들어서 말라비틀어진

* 존 윌리엄 워터하우스, 〈오디세우스와 세이렌〉(1891)

송장들이 가득하다. 그러니까 노래를 듣는 것까진 좋지만 유혹되어 섬에 가면 죽을 것이 뻔했다.

그래서 오디세우스가 꾀를 부린다. 부하들은 귀를 밀랍으로 막고 노랫소리를 못 듣게 하고 자기만 귀를 열어놓았다. 대신에 돛대에 자기 몸을 칭칭 묶었다. 오디세우스는 노래를 들으면서 흥분이 되어 더 많은 희열을 느끼기 위해서 묶어 놓은 밧줄을 끊어버리려고 한다. 그런데 이미 이런 상황이 벌어질 걸 알고 부하들에게 풀어 달라고 하면 더 칭칭 동여매라고 부탁을 해두었기에 오디세우스는 노래는 다 듣고, 배는 유유히 섬 옆을 지나간다.

오디세우스와 세이렌의 이야기는 과잉욕망에 위험이 도사리고 있다는 것을 보여준다. 그리고 내가 반복되는 걸 통해서 정체성을 찾아가야 되지만 중요한 것은 그 욕망이 과잉으로 넘어갈 수도 있기 때문에 제동장치가 필요하다는 것을 알려준다.

14매듭 욕망에 접속하라 – 스티그마

⚜ 욕망의 제어 ⚜

종교는 영어로 '릴리전(religion)'이라 하는데, 라틴어 '렐리가레(religare)'에서 왔다. 리가레(ligare)라는 말은 '묶다'라는 뜻이고, 레(re)는 '다시'라는 뜻이다. 즉 종교는 '다시 묶다'이다. 오디세우스가 세이렌의 유혹에 과잉의 욕망으로 나가길 원하는 상태, 주이상스로 나가길 원하는 상태에서 다시 묶어준 것 같은 그런 역할을 하는 것이다.

종교가 하는 역할이 우리가 욕망에 빠지지 않도록 하는 것, 어느 정도 이상 넘어가지 않도록 하는 일이라는 통찰이 옛사람들에게 있었다는 사실을 알 수 있다. 우리에게는 여러 가지 욕망이 있다. 그럴 때마다 제동장치가 제대로 되고 있는지가 중요하다.

과잉욕망을 이겨낸 오디세우스와 같은 사람도 있지만 자신을 돛대에 묶지 않고 과잉욕망에 빠져서 실패한 사람도 있다. 허먼 멜빌(Herman Melville)의 소설 《모비딕》에 나오는 아합 선장이 그렇다. 선장은 흰 고래와 싸우다 다리를 잃는다. 그는 반드시 복수하겠다고 계속 고래를 추격한다. 도저히 사람의 힘으로 잡을 수 있는 고래가 아닌데도 불구하고 선장은 무리한 욕심을 부린다. 이 고래만 나타나면 선장은 고래잡이 보트에 몸을 싣고 고래를 쫓는다.

부하들은 "오오, 선장님. 나의 선장님! 고귀하신 분이여. 가지 마세요!"라며 선장의 무모한 도전을 말리지만 고래를 잡겠다는 과잉욕망에 사로잡힌 그는 듣지 않는다. 우리가 영화 〈죽은 시인

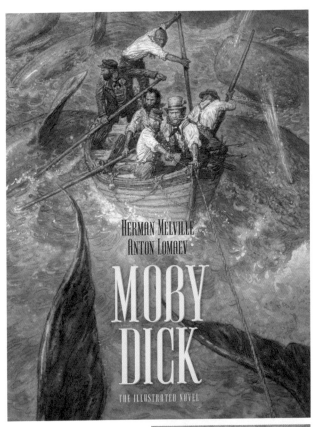

* 허먼 멜빌과 책《모비딕》ⓒ shutterstock

14매듭 욕망에 접속하라 – 스티그마

의 사회〉로 알고 있는 "오 캡틴, 마이 캡틴(Oh captin, My captin)"
이라는 대사가 《모비딕》에 나오는 말이다.

> 밧줄의 고리가 허공을 날아와 그의 목을 감았기 때문에, 그는 희
> 생자가 교살될 때처럼 소리 없이 보트 밖으로 날아갔다. …… 다음
> 순간 밧줄 끝에 달린 묵직한 고리와 완전히 텅 빈 밧줄통에 튀어
> 나와 바다의 표면을 친 뒤 깊은 물속으로 사라졌다.
> ─ 허먼 멜빌, 《모비딕》 중에서

고래사냥의 꿈에 부풀어 출항했던 포경선은 결국 귀향에 실패
한다. 오디세우스를 돛대에 묶어주었던 밧줄이 과잉욕망을 제어
하지 못한 아합 선장을 물속 깊이 묶는다. 선장의 과잉욕망은 그
만이 아니라 서른 명이 넘는 그의 선원들까지 희생시킨다. 우리
가 욕망은 무의식적으로 반복되지만 나의 그 욕망이 과잉으로 빠
지지 않도록 나를 다시 묶을 수 있는 돛대가 늘 필요하다.

✤ 잠재력을 발현하는 열쇠, 과거 ✤

질 들뢰즈는 '욕망은 생산이다'라고 했다. 생산한다는 것은 현
실화 시키는 것이다. 현실화는 잠재성 속에 있던 것을 현실에 드
러나게 바꾸는 것이다. 이것이 결국 생산이고 창조다. 아리스토텔
레스는 이를 '잠재태'와 '현실태'로 이야기한다. 쉽게 말하면 실현

되지 않은 능력(잠재태)이 자극을 받으면 현실로 실현(현실태)이 된다는 것이다.

그럼 이제 중요한 것은 이 잠재력을 어떻게 현실로 끌어낼 수 있느냐다. 들뢰즈는 이에 대해 좋은 방법을 제안한다.

잠재력은 과거를 추억하면서 현실과 함께 있다.

– 질 들뢰즈, 《차이와 반복》 중에서

현재를 사는 나에게 나의 잠재력은 과거에 내가 했던 무엇인가이다. 내가 초등학교 3학년 때 그림 그리기를 좋아해서 그림을 그렸고, 그때 굉장히 기뻤다면 이 사람에게는 그림을 그리는 잠재력이 있는 것이다. 과거를 현재로 끌어들이는 것이 잠재력을 현실화시키는 좋은 절차가 된다고 들뢰즈는 말한다.

불안에 빠지는 사람들

그러나 우리에게 과거를 망각하는 걸림돌이 있다. 과거에 나에게 있었던 스티그마, 흔적, 상처가 과거를 생각하지 않게 하고 아예 과거를 막는다. 그리고 우리의 감각을 마비시키기도 한다.

프로이트(Sigmund Freud)는 불안은 사람의 감각을 막는다고 하였다. 수많은 환자들이 불안에 빠져 있었다. 그래서 이 불안에 대해 자세히 이야기를 한다. 사람이 걱정을 하는 것은 두 가지 이유

14매듭 욕망에 접속하라 – 스티그마

* 불안은 감각을 막는다 ⓒ shutterstock

때문인데, 하나는 불안이고 하나는 공포다.

불안은 내가 무엇 때문에 지금 걱정하고 있는지를 모르는 상태다. 이를 독어로 '앙스트(Angst)'라고 이야기한다. 내가 계속 마음이 초조하고 불안한데 무엇 때문에 불안한지를 모르는 것, 대상을 모르는 위험이다. 이와 달리 특정한 대상에 대해 걱정하는 것이 공포다. 이를 '푸르흐트(Furcht)'라고 한다.

프로이트는 불안을 느끼는 사람들이 겪는 대표적인 증상이 감각을 막는 것이라 했다. 그래서 내가 생각해 내야 될 것, 누려야 될 것, 또 시각으로, 촉각으로, 청각으로 마음껏 느껴야 될 것들을 포기한 채 살아간다는 것이다. 그는 임상실험을 통해 그 이유가 무엇인지 찾아냈다.

사람들은 위험에 준비되어 있지 않은 상태에서 위험한 일을 겪으면 큰 충격을 받는다는 사실을 알게 된다. 이를 '외상'이나 '쇼크'라고 한다. 사람은 충격적인 일을 겪게 되면 그 충격으로 인해서 그 이후 자신도 의식하지 못한 채 동일한 사태에 대해 긴장 상태에 있게 된다. 말하자면 이런 것이다. 횡단보도를 건너다 큰 사고가 날 뻔 했다. 다행히 조금 다쳤는데 그 이후 그 횡단보도를 지날 때마다 이전 사고가 떠오르면서 긴장하게 된다. 프로이트는 이것을 '공포'라 했다.

반면에 나는 무엇 때문인지 모르지만 횡단보도를 건널 때마다 심장이 뛰고 긴장된다. 이유를 알 수 없다. 알고 보니 어릴 때 횡단보도에서 사고가 있었다. 그런데 지금 기억을 못 하고 무의식적으로 횡단보도를 건널 때 긴장하게 되는 것이다. 준비되지 않은 상태에서는 충격이 더 크게 온다. 그런데 긴장한 상태, 불안한 상태에서 충격을 받으면 충격이 줄어들 수 있기 때문에 늘 긴장하고 있다. 프로이트는 이것을 '불안'이라고 했다.

그래서 과거에 상처가 있는 경우, 이를 알면 충분히 대비하고 극복할 수 있지만 알지 못하는 경우는 불안과 같은 증세가 나타난다. 패닉(panic) 상태에 빠지게 되는 것이다.

⚜ 당신이 브랜드가 되는 법 ⚜

불안을 어떻게 해결할 수 있을까? 프로이트의 이론대로 한다면 내가 왜 이런 충격과 경악이 있었는지를 알아내면 모든 문제가 해결된다. 엄마가 "너 세 살 때 횡단보도를 건너다가 사고가 한 번 있었어. 그래서 지금도 횡단보도를 지날 때 그런가 보다."라고 이야기를 해주면 더 이상 불안을 느끼지 않는다.

'아 그래. 나는 그 당시에 이런 충격이 있었기 때문에 지금 이런 식으로 불안을 느낀 거구나.'라고 알게 되면 불안 요소가 사라지는 것이다.

우리가 입은 상처는 과거를 생각하는 데 장애가 되지만, 그 상처 입었던 것, 충격을 받았던 것이 무엇 때문인지를 알아가면서 과거와 내가 자연스럽게 화해를 하면 과거를 극복할 수 있게 된다.

우리가 불안한 이유는 사실 과거에 나에게 있었던 흔적 때문이었다. 이러한 흔적도 스티그마라 하겠다. 성서에서는 '예수의 흔적'(갈라디아서 6장 17)이라고 하여 인간이 입는 상처를 스티그마라고 표현하고 있다.

스티그마는 신분과 소유를 표시하고 상품의 가치를 보장하는 브랜드다. 그리고 들뢰즈는 그것이 나의 정체성을 알아갈 수 있는 좋은 방법이라 이야기를 한다. 당신의 정체성은 무엇인가? 반복적으로 욕망하는 것은 무엇인가? 특히 과거에 하고 싶었던 일을 하여서 여한이 없는 삶을 추구하자.

설령 그 일과 관련하여 어떠한 상처가 있더라도 용기를 내야 한다. 스티그마가 오늘날 명품이란 뜻의 브랜드의 뿌리어가 된 것처럼 당신의 상처, 스티그마가 오히려 당신을 브랜드, 명품으로 뒤바꿀 수 있는 좋은 재료가 될 것이기 때문이다.

왜
사랑하는가

- 에로스 -

에로스
Eros

사랑 ἔρος

사랑에 빠지면 늘 행복할 것 같지만 우리는 종종 불안에 시달린다. 누군가를 사랑하면 왜 불안할까? 이 물음은 오늘날뿐만 아니라 고대에도 중요한 주제였나 보다. 이 주제로 쓴 로마 시대의 시도 있으니 말이다. 바로 큐피드와 프시케 이야기다.

프시케는 큐피드를 사랑하지만 연인을 의심하고 약속을 깨버려 사랑을 잃게 된다. 프시케와 큐피드의 이야기는 2세기 로마에서 쓰였지만 현대에도 사랑에 빠지고 그 사랑을 불안해하는 우리의 마음을 이해하는 데 여전히 많은 도움을 준다.

큐피드는 영어로는 '큐피드(Cupid)'로 읽는데 라틴어로는 '쿠피도(Cupido)'다. 로마 사람들은 쿠피도가 사랑의 화살을 쏘고 사랑과 관련된 일을 하기 때문에 사랑이란 의미의 '아모르(amor)'라는

* 안토니오 카노바, 〈큐피드와 프시케〉(1788~1793)

말로도 사용한다. 그리스어로는 '에로스(eros)'가 된다. 에로스 또는 쿠피도, 아모르 다 같은 신을 말하고 있다는 것을 알 수 있다.

　당신의 사랑은 어떠한가? 혹시 그 사랑에 대해 의심하고 영혼이 불안에 떨고 있지는 않는가? 에로스에 대한 이야기와 함께 사랑하게 될 때 왜 불안하게 되는지 한번 생각해 보도록 하겠다.

⚜ 큐피드와 프시케 ⚜

　사랑이 불안한 이유를 고전은 어떻게 설명할까? 첫 번째 이유는 신뢰가 없기 때문이다. 큐피드와 프시케 이야기는 신뢰가 없기 때문에 사랑이 불안한 모습을 보여준다. 프시케는 공주였다. 그런데 이 프시케 공주가 너무 아름다워 사람들의 청송을 받자 아름다움 하면 최고라고 생각하는 미의 여신 비너스, 그리스 이름으로는 아프로디테가 화가 난다.

　그래서 아들인 큐피드를 시켜 프시케가 세상에서 가장 못생긴 남자와 사랑에 빠지게 하는 벌을 내리려고 한다. 큐피드의 활을 맞으면 그 즉시 사랑에 빠지기 때문이다. 그러나 프시케의 아름

＊ 장 자크 프랑수와 르 바비에,
〈나무 위 큐피드(Cupid in a
Tree)〉(1795~1805)

다운 모습을 본 큐피드는 오히려 프시케를 사랑하게 된다.

프시케의 세 자매 중 다른 두 명은 결혼을 해서 왕궁을 떠났는데도 프시케는 짝이 없었다. 아무도 청혼을 하지 않자 걱정을 하던 그녀의 부왕이 아폴론에게 신탁을 받았다. 프시케의 짝은 사람이 아니라는 것과 그녀를 산꼭대기에 바치라는 것이었다. 결국 프시케는 산 위에 홀로 남게 되고 바람에 의해 골짜기로 인도된다.

아름다운 궁전에서 사치스럽게 살지만 프시케는 남편의 목소리만 들을 수 있을 뿐 얼굴을 볼 수 없었다. 남편은 한밤중에 왔다가 날이 밝기 전에 떠나며 절대 자신의 얼굴을 보려고 하지 않겠다는 약속을 프시케에게 하도록 했다.

하지만 남편이 너무 궁금했던 프시케는 한손에는 칼을 들고 한손에는 등잔을 들고 밤에 몰래 불을 밝혀 남편의 얼굴을 확인한다. 뱀을 닮은 괴물인 줄 알았던 남편은 너무나 아름다운 신 큐피드가 아닌가! 그러나 잠이 깬 큐피드는 약속을 어긴 것을 알고 그녀를 떠난다. 프시케는 다시 큐피드를 만나기 위해 온갖 고생을 하고, 마침내 신의 용서를 받고 큐피드와 결혼할 수 있게 된다.

큐피드와 프시케 이야기를 지은 사람은 루키우스 아풀레이우스로 그가 쓴 책《메타모르포세스》에 나오는 에피소드다. 오비디우스가 쓴《메타모르포세스(변신 이야기)》와 구분하기 위해 아풀레이우스의 책은《황금당나귀》라고 부른다. 책에 있는 내용 중에 프시케와 큐피드의 이야기가 인기가 있자 이 에피소드만 간추려 출간되기도 했다.

* 안토니 반 다이크, 〈큐피드와 프시케〉(1639~1640)

　그런데 이 아풀레이우스가 좀 특이하다. 로마의 콜로니아
(colonia)였던 아프리카에서 태어나 아테네에 유학을 가서 플라톤
철학과 수사학을 공부했다. 그래서 아풀레이우스가 쓴《황금당나
귀》의 이야기는 변신을 주제로 하는데 그리 간단한 주제가 아니
다. 아풀레이우스가 쓴 책 중에《뮈스테리온(Mystherion)》이라는
책이 있다. 뮈스테리온은 영어 '미스터리(mystery)'의 뿌리어다.
영어로 미스테리라고 하면 비밀, 신비 정도의 의미지만 그리스어

　　　　　　　　　　　　　15매듭 왜 사랑하는가 – 에로스

뮈스테리온은 종교와 깊은 관련이 있어 밀교에 입교하는 비밀의 례를 의미한다. 그래서 뮈스테리온을 안다는 것은 종교적인 황홀경에 빠졌다는 의미이고, 깊은 종교적 신비를 경험했다는 의미기도 하다. 그리스에 있던 이런 대표적인 종교가 엘레우시스인데, 아풀레이우스가 쓴 《뮈스테리온》은 엘레우시스라는 종교를 믿는 사람들이 경험한 신비한 체험을 담은 책이다.

프시케 이야기에 담긴 진짜 속뜻

아풀레이우스의 독특한 이력을 설명한 이유는 그가 쓴 큐피드와 프시케 이야기가 단순하게 신화에 나오는 이야기라든가 두 남녀의 사랑 이야기만이 아니라 좀 더 깊은 차원의 메시지가 담겨 있기 때문이다.

프시케(Psyche)는 그리스어로 '영혼'이라는 뜻이고 큐피드는 '사랑'이니 '사랑과 영혼'이 된다. 프시케를 뿌리어로 해서 남아 있는 단어가 있다. '사이컬러지(psychology, 심리학)'와 '사이코(psycho)'가 프시케에서 온 말이다.

기원후 2세기 무렵은 스토아학파가 한창 발전했을 당시였는데 스토아학파에서는 개별적인 영혼을 프시케라고 생각을 했다. 그리고 개별적인 영혼인 프시케들이 소통할 수 있도록 다리 역할을 하는 영혼을 '프뉴마(pneuma)' 혹은 '프네우마(pneuma)'라 했다. 이게 신약성경에서 '성령'으로 번역이 된다.

영혼과 사랑의 관계는 무엇일까? 아풀레이우스는 영혼이 의심을 해 신뢰하지 못하기 때문에 그 사랑이 불안하다고 한다.

신뢰는 그리스어로 '피스티스(πίστις)'다. 그런데 피스티스에는 신뢰라는 뜻 하나만 있는 것이 아니라 설득이란 뜻도 있다. 수사학의 가장 큰 목표는 피스티스이다. 피스티스에는 설득이란 의미만 있는 게 아니라 신뢰라는 의미도 있기 때문에 내가 저 사람을 설득하기 위해서 말을 한다는 것은 저 사람이 나를 믿도록 한다는 것이다. 우리는 수사학이라 하면 설득만을 생각하지만 신뢰도 포함된다.

그리스 사람들은 피스티스라고 할 때 여러 관계에 다 적용했다. 신과 나와의 관계에 피스티스가 있으면 신앙 또는 믿음이다. 부모와 나와의 관계에 피스티스는 효이고, 친구들과의 피스티스는 우정이다. 그래서 어떤 관계를 형성하느냐에 따라 피스티스를 다르게 번역할 수 있는데, 중요한 것은 신뢰가 바탕이 된다는 것이다. 그런데 큐피드와 프시케 이야기에서는 프시케가 신뢰하지 못했기 때문에, 상대를 의심했기 때문에 그 사랑이 불안하게 되고 깨지는 결과를 가져왔다.

길들여지지 않는 힘

고전에서 말하는 사랑이 불안한 두 번째 이유는 사랑은 길들여지지 않는 힘이기 때문이다. 파울로 코엘료(Paulo Coelho)는 《오

자히르》에서 사랑에 대해 이렇게 이야기한다.

사랑은 길들여지지 않는 힘입니다. 우리가 사랑을 통제하려 할 때 그것은 우리를 파괴합니다. 우리가 사랑을 가두려 할 때 우리는 그 것의 노예가 됩니다. 우리가 사랑을 이해하려 할 때 사랑은 우리를 방황과 혼란에 빠지게 합니다.
– 파울로 코엘료, 《오 자히르》 중에서

사랑은 정말 이해할 수 없는 것이다. 사랑은 길들여지지도 않고 혼란에 빠지게 하니 말이다. 고전문학에도 이를 발견할 수 있다. 사랑 찬가, 에로스 찬가라 불리는 문장을 소개하는 작품이 있다. 그리스 3대 비극 작가 중 하나인 에우리피데스가 지은 《히폴리토스(Hippolytos)》이다. 이 작품에서 에로스를 이렇게 찬양한다.

에로스여 에로스여. 그대가 공격하는 자들의 마음에 감미로운 환 희를 안겨다 주며 눈에다 연정을 방울방울 떨어뜨리는 이여. …… 불의 화살도, 별들의 화살도 제우스의 아들 에로스가 손에서 날려 보내시는 아프로디테의 화살을 능가하지는 못함이라.
– 에우리피데스, 《히폴리토스》 중에서

아프로디테의 아들인 에로스, 큐피드가 쏜 화살에 맞아 사랑에 빠지면 마음을 걷잡지 못한다는 이야기다. 테세우스의 아들인 히 폴리토스에게는 파이드라라는 계모가 있었다. 파이드라는 히폴

리토스를 좋아하게 된다. 거부할 수 없을 만큼 그 사랑은 길들일 수 없기 때문에 격렬한 것이다.

하지만 스토커와 같은 한쪽의 일방적인 사랑은 결국 파국으로 달려간다. 히폴리토스는 파이드라의 사랑을 거부하고 이에 파이드라는 히폴리토스를 모함하는 유서를 남기고 자살한다. 아들을 오해한 테세우스는 포세이돈에게 아들의 죽음을 빌었고, 포세이돈이 보낸 괴물에 놀란 말이 날뛰는 바람에 히폴리토스는 전차에서 떨어져 목숨을 잃는다.

이 주제는 사람들에게 굉장한 관심을 끌어 그 이후에 계속 이 주제로 비극이 만들어진다. 에우리피데스가 쓴 《히폴리토스》는 후대에 전해져 로마 시대에는 세네카가 《파이드라(Phaedra)》라는 비극으로, 근대에는 프랑스 라신의 《페드르(Phedre)》로 재탄생된다. 이 작품들은 한결같이 사랑의 열정은 이성의 힘으로는 억누르려고 해도 억누르지 못한다는 이야기를 한다.

파이드라는 악한 여자이고 히폴리토스는 선한 사람이란 선악의 구조로 보면 그 안에서 일어나는 사랑의 걷잡을 수 없는 욕망, 이성으로 제압하지 못하는 힘, 길들여지지 않는 열정을 놓치게 된다. 사랑의 이런 면 때문에 파이드라의 이야기는 고대부터 현대까지 계속해서 이야기되는 것이다.

분리불안

사랑이 불안한 세 번째 이유는 무엇인가? 분리불안 때문에 그렇다. 떨어져 있으면 불안한 것이다. 그럼 왜 분리불안이 생길까? 이에 대해서 플라톤의 《향연》에서는 좋아하는 사람들은 따로 따로 있는 것이 아니라 한 몸이었다고 이야기를 한다. 이를 플라톤의 '자웅동체 신화'라고 한다.

《향연》에서는 인간이 처음에 다리가 네 개고 팔이 네 개고 머리가 두 개인 동체였는데, 머리가 두 개인 인간이 너무 똑똑해서 제우스가 인간을 반으로 잘랐다고 한다. 남남이 동체로 되어 있기도 하고, 남녀가 동체로 되어 있기도 하고, 여여가 동체가 되어 있기도 했다. 그래서 남남이 동체였던 인간은 분리가 되면 남자가 남자를 계속 욕망하게 되고, 여여가 동체였던 인간은 분리가 되

* 플라톤의 자웅동체 신화

면 여자가 여자를 욕망하게 되는 것이다. 남자와 여자가 자웅동체
였던 인간들은 분리가 되면 이성을 좋아하게 된다. 애초에 동체
였던 인간이 반쪽이 되어 분리불안이 있다고 해석을 할 수 있다.

　라캉은 사람 자체가 태어나면서부터 분리불안을 느낄 수밖에
없다고 했다. 보통 아기는 태어나서 빠르면 6개월, 늦으면 18개
월 정도가 되면 엄마와 나는 다른 존재라는 것을 인식하기 시작
한다고 한다. 자기와 한 몸이라고 생각하던 엄마를 완전히 분리
된 타자로 인정하는 것이 쉽지 않다. 엄마와 분리가 잘되지 않아
서 내게는 엄마가 필요한 존재고 항상 나와 뭘 같이 해줘야 되는
존재로 생각하면 커서 분리불안이 생긴다.

　성인이 된 다음에도 엄마나 아빠가 날 도와줘야 된다 생각하는

　　15매듭 왜 사랑하는가 – 에로스

사람이 있다. 이렇게 부모와 분리되지 못한 사람들이 이성이나 다른 사람을 사귀게 될 때 상대가 조금이라도 자기에게 떨어져 관심을 덜 보이는 것 같은 상황이 생기면 그걸 극복하지 못한다.

분리불안이라는 것이 연인들 안에서만 있는 것이 아니라 부모님과 아이의 정서적으로 불안정한 상태가 지속되어 분리불안으로 나타날 수도 있다는 것이 현대 정신분석학에서 이론화된 내용이다.

✦⟨ 에로스의 탄생 신화로 본 사랑 ⟩✦

사랑은 어떻게 생겼을까? 에로스의 탄생 신화에서 실마리를 찾을 수 있다. 에로스의 탄생과 관련해서는 여러 가지 이야기가 전해진다.

첫 번째 에로스 탄생설은 에로스는 카오스의 알에서 나왔다는 것이다. 카오스는 혼란 상태, 아직 세상이 만들어지지 않은 상태인데 거기에 에로스가 알로 존재했다. 알에서 먼저 태어난 에로스가 하늘 우라노스와 땅 가이아를 결합시켜 신들이 태어날 수 있게 했다.

두 번째는 아프로디테가 태어날 때 에로스도 같이 태어난 존재라는 것이다. 세 번째는 우리에게 가장 익숙한 미의 여신 아프로디테가 전쟁의 신 아레스와 결혼해서 낳은 아들이 에로스라는 것이다.

네 번째는 의미심장한 탄생설로 아프로디테의 탄생을 축하하

* 파올로 베로네제,
〈사랑으로 맺어진 마르스와 비너스(Mars and Venus united by love)〉(1570년대)

기 위해서 잔치가 벌어졌는데, 페니아가 풍요의 신 포로스에게 접근하여 에로스를 낳았다는 설화다. 페니아(penia)는 그리스말로 '가난'이라는 뜻으로 페니아는 가난과 궁핍의 신이다. 가난이 풍요에게 접근해서 에로스를 낳았다는 것은 어떤 의미일까?

라캉이 이 주제에 관심을 갖고 가난과 풍요로움의 결혼과 불안의 관계를 풀어간다. 가난이라는 것은 결핍이다. 결핍돼 있기 때문에 풍요의 신에게 다가가기를 욕망한다. 이렇게 가난에서 풍요로 나아가는 힘이 바로 에로스라고 이야기를 했다.

그래서 에로스가 사랑만이 아니라 사랑의 더 본질적인 욕망이라고도 한다. 그것은 사랑받으려고 하는 욕망이다. 그 사랑받으려는 욕망 때문에 불안이 생긴다.

"사랑하는 사람이 더 신적인데 (사랑은) 신께 속해 있기 때문이죠."
– 플라톤, 《향연》 중에서

＊ 알젤름 포이어바흐, 〈향연〉(1869)

플라톤은 《향연》에서 사랑하는 사람은 신적이고, 사랑받는 것은 인간적이라 말한다. 즉 '사랑해야 불안하지 않다'는 의미다.

⸖ 사랑받기에서 사랑하기로 ⸖

라캉은 《세미나 8》에서 플라톤의 《향연》을 언급하면서 사랑받기에서 사랑하기로 전이돼야 한다고 이야기한다. 풍요의 신을 향해 페니아가 계속 다가갔듯이 사랑은 대상을 향해 열정을 지닌다. 풍요롭지 못해 불안을 느끼며 욕망하듯이 사랑은 욕망하면 불안해한다.

라캉은 욕망을 얘기할 때 '사람은 타자의 욕망을 갖는다.'고 했다. 우리의 욕망은 타자의 욕망이자 타자를 향해서 나의 결핍된 것을 메우려고 하는 욕망이기 때문에 타자에게 향해있을 수밖에 없다. 자신이 하고 싶은 것을 하면서 살아가는 게 좋은데, 타인의 욕망에 맞추려하니 자신을 억압하고 불안해진다.

다른 말로 하면 내가 원하는 욕망이 있고 상대가 원하는 욕망이 있는데, 나는 사랑받아야 하기 때문에 상대가 원하는 대로 살려고 하니 욕망이 충돌하여 불안이 싹트게 된다는 것이다. 그래서 라캉은 사랑받기에서 사랑하기로 전이하면 그런 불안이 사라지게 된다는 이야기를 한다.

로마의 철학자 세네카는 "사랑받기를 원한다면 사랑하라."라는 명언을 남겼다. 세네카는 사랑은 불안과 섞일 수 없기 때문에 사랑을 받으려면 자꾸 불안한 요소가 생기니 사랑을 해야 불안이 사라지게 된다고 주장했다.

결국은 플라톤, 세네카, 라캉이 같은 이야기를 한다는 사실을 알 수 있다. 만약 사랑 때문에 불안하다면 내가 너무 사랑받으려고 하는 것은 아닌지 생각해 보자. 사랑하기로 전이한다면 불안한 상태를 극복할 수 있지 않을까?

가난해서 사랑할 수 있다

사랑이 불안한 다섯 번째 이유는 가난하기 때문이다. 네 번째로 말한 페니아라는 결핍에서 포로스라는 풍요로 가려 하기 때문에 불안이 생긴다고 한 이유와 약간 다른 차원이다. 가난함 자체가 사랑을 하려면 그것이 바로 불안한 것이라고 해석하는 경우다. 페니아라는 가난 자체가 정말 사랑할 수 있을까?

이것은 근대 철학자 스피노자(Spinoza)의 의견이었는데, 현대 철학자 안토니오 네그리(Antonio Negri)가 받아들이면서 본격적으로 이야기되고 있는 부분이다. 스피노자는 인간에게 '코나투스(conatus)'라는 욕구하는 힘이 있고, 그 욕구하는 힘 때문에 '쿠피디타스(cupiditas)', 욕망 또는 사랑하는 힘이 있고, 그다음에 '멘스(mens)'라는 정신의 힘이 있고, 마지막에 '비르투스(virtus)', 덕성의 힘, 탁월함의 힘이 있다고 이야기를 한다.

쿠피디타스는 쿠피도(cupido)에 추상명사화 어미 '-tas'를 붙인 것으로 욕망이라고 번역하지만 쿠피도의 힘, 사랑의 힘이라고 할 수 있다. 코나투스는 자신의 존재 안에서 지속하려는 성향이며 자기보존의 노력이다. 이에 비해 쿠피디타스는 나의 정신과 몸 양자가 결합되어 생기는 것이라고 스피노자는 이야기한다.

욕구와 사랑의 힘이 어떤 관련이 있을까? 코나투스(욕구)에서 쿠피디타스(사랑)으로 이행해 가는 것이 가능할까? 생존의 욕구와 사랑이란 욕망이 같이 갈 수 있을까? 내가 지금 생존도 가능하지 않은 상태에서 다른 사람을 사랑한다는 것이 가능할까? 안토니오 네그리는 이 문제들의 해석을 시도한다.

네그리는 가난함, 결핍 때문에 사람이 사랑의 불안을 느끼는데 그럴 필요가 없다는 것이다. 그는 《도자기 공장》이라는 책에서 사람이 갖고 있는 근본적인 힘이 두 개가 있는데 하나는 가난이고 하나는 사랑이라고 한다.

가난이라는 건 스피노자가 말했던 욕구다. 가난은 단순한 물리적, 물질적 궁핍, 즉 박탈의 상태가 아니라 결여와 박탈의 상태를 메우기 위해서 관계를 발전시키는 욕구라고 긍정적으로 해석을 한다. 즉 가난은 궁핍해서 그걸로 끝난 상태가 아니라 가난하기 때문에 어떻게든 나의 결핍, 결여, 빼앗긴 것들을 메우기 위해서 사람들과 관계도 맺고 협력도 맺는 것이라고 보았다.

네그리의 주장대로 한다면 가난함이 오히려 사랑할 수 있는 밑바탕이자 에너지라고 볼 수 있다. 스피노자는 가난에서 사랑으로 이어짐을 보여준 셈이라고 네그리는 해석을 한다. 그래서 쿠피디타스는 사랑, 즉 활력을 발전시키는 욕망인데 가난, 즉 생존하려

* 윌리앙 아돌프 부그로, 〈프시케의 납치〉(1895)

는 원래 욕구와 어긋나는 것이 아니라 같은 것이다.

네그리는 가난한 사람이 포기하지 않고 나의 결핍된 현실 속에서 오히려 사랑할 수 있는 적극적인 몸부림이 있을 수 있다고 했다. 가난함이라는 욕구와 사람을 사랑함이라는 그 욕망은 서로 다른 것이 아니라 같이 갈 수 있다.

그런 의미로 보면 사랑은 혁명이다. 왜냐하면 혁명처럼 사랑받기의 갈급함으로부터 사랑하기의 용감함으로 뒤집을 수 있기 때문이다. 나의 결핍된 현실 때문에 상대에게 사랑받아야 된다고 자신을 맞추는 것이 아니라, 사랑하는 순간 나의 부족함도 동정의 대상이 아닌, 위대한 열정이 될 수 있다. 그래서 죽음까지 불사하고 내가 사랑할 수 있도록 만드는 것, 이게 바로 나에게 있는 욕구, 가난함, 욕망 등을 뒤집어 제자리를 찾는 것이다.

사랑하라

아풀레이우스의 큐피드와 프시케의 사랑 이야기는 인간의 영혼과 사랑은 서로가 서로에게 꼭 필요한 존재임을 알려준다. 사랑은 인간의 영혼에 깃들어서 존재하는 것이고, 인간의 영혼은 사랑 없이는 존재의 의미를 찾기가 힘들다. 그게 바로 아풀레이우스가 이 이야기를 썼던 이유일 것이다.

그러나 어떤 사람은 '나는 저 사람을 못 믿겠어요'라고 사랑을 포기한다. 어떤 사람은 사랑의 불길에 휩싸여서 어쩔 줄 몰라하며 스토킹을 한다. 어떤 사람은 분리불안 때문에 잠시도 혼자 있을 수 없어 많은 관계(애인)를 만든다. 어떤 사람은 사랑하고 싶지만 가난하기 때문에 사랑할 수가 없다고 한다. 또 어떤 사람은 사랑하기보다는 사랑받기를 원하는데 자기를 사랑해 줄 사람을 찾지 못해 사랑을 하려고 하지 않는다.

큐피드와 프시케처럼 영혼은 사랑이 있어야 온전하게 안정된 삶을 살 수 있다. 그래서 사랑을 찾기 위해서 목숨까지 내걸 수 있는 의지와 용기가 필요하다. 프시케는 사랑을 다시 회복하기 위해서 목숨을 내걸고 큐피드를 만나러 간다. 곧 그게 사랑과 영혼이 같이 있어야 될 이유다. 영혼을 가진 우리는 사랑할 수 있다.

요즘 결혼하기가 어려워지면서 사랑한다는 말을 꺼리는 분위기다. 사랑이란 말을 하기 쑥스러우면 '내가 너의 힘이 되어줄게. 너를 든든히 지켜줄게.' 이러한 말을 하면 어떨까. '내가 당신의 든든한 힘이 되어주겠습니다.' 에로스를 생각하면서 그러한 고백이 자주 있기를 스스로에게 다짐해 보자.

말의 마주침,
마음의 울림, 몸의 어울림

입에 착착 달라붙는 말들도 진득하니 따져보면 그 뜻이 영락없이 옛말에 기인한다. 미디어, 메타인지, 밈, 팩트, 메타포, 미니멀리즘, 로망, 브랜드 등도 각각 뿌리어가 있다. 뿌리어가 시공간을 넘나들며 갈려나가고 펼쳐져 우리에게 도달했지만 때로는 번역어나 파생어에만 머물다 보니 뭔가 좀 정리하려고 보면 머릿속은 개념만 난무한 아수라장이 되곤 한다.

뿌리어의 힘은 다양한 형태로 확장되는 '둔갑의 명수'다. 그렇다면 이 '둔갑의 명수'를 아는 것이 왜 중요할까? 상대의 말뜻을 뿌리로부터 훑어보면 그 말이 참 유연해진다. 신기하게도 뿌리어를 떠올리면 하나의 뜻에만 고정되지 않는다. 때와 곳에 따라 알맞게 맞춰져 모자람도 없고 지나치게 한쪽으로 치우침도 없는 이

유연성이 뿌리어의 힘이다. 그 유연성에서 시기적절한 '말의 마주침'이 있고, 상대를 헤아리는 '마음의 울림'이 있고, 시공을 같이하는 '몸의 어울림'이 있다. 그렇다. 뿌리어를 많이 아는 사람일수록 마주치고 울려 어울린다. 이것이 뿌리어가 주는 유연성의 열매라 하겠다.

간혹 말을 하다가도 도량이 좁고 너그럽지 못한 경우를 보면 애당초 힘이 부족한 때였다. 힘에 겹고 지친 나머지 이것저것 생각할 힘조차 없어 갈려 나온 하나의 뜻에만 단단히 붙잡힌 상태였다. 대화 중에 이 상태가 계속되면 옹고집만 난무한 결투장이 될 뿐이다. 자신이 알고 있는 개념에만 편파적으로 휘둘려 상대방의 상황에 맞추려 하지 않는다. 서로 '갑질 대화'를 이어가는 셈이다.

뿌리어에는 힘이 있다. 물론 말이 마주쳐 정보를 전달하기도 하고 마음의 울림이 서로에게 통하게도 하지만, 그것보다 더 중요한 힘이 있다. 바로 자기 자신을 유연한 사람으로 변신시키는 힘이다. '변-신', 몸까지 변하여 어울리게 하는 힘이다. 인간다움이란 무엇인가, 공동체 속에서 우리가 가져야 할 덕목은 무엇인가, 더 높은 차원으로 우리를 이끄는 것은 무엇인가, 진정한 아름다움은 무엇인가, 창조란 무엇인가, 상상력은 어디에서 올까, 내가 아는 것이 진실일까, 자신의 정체성은 어떻게 찾을 수 있을까, 사랑을 하면 왜 불안할까 등 뿌리어를 살피면서 결국 자신과 사회의 변신을 꿈꿔 보자.

말을 하거나 듣거나 읽는 사람은 변한다. 말은 사람을 자극하